日皇登基宴（圖／日本宮內廳）

兩韓峰會引發爭議的甜品（圖／korea.net、青瓦台）

查爾斯三世登基慶典中奉客的「加冕餡餅」（圖／royal.uk）

韓國宴請川普（圖／Korea Clickers、青瓦台）

大人們的餐桌

國宴和名人的飲食軼事及領導風格

蔡子強 著

本書爲《大人們的餐桌：從希特勒到歐巴馬，33位牽動政局的歷史名人飲食軼事》增訂改版書

序一 餐桌上的另類學問

政治不單存在於議會和廟堂，也存在於餐桌之上。

對政治家來說，餐桌之上，蘊藏著一套豐富的學問，既可觀人於微，也可傳遞含蓄、微妙的政治訊息，亦可窺看社會變遷，甚至可以把食物融入治國方略、政治論述當中。

人如其食

英文有一句諺語，叫「人如其食」（you are what you eat）。有時我們看看那些叱吒風雲的人物們喜歡吃些什麼，對於了解他們的性格、為人、作風，會有一些有趣的啟示。

例如，印度聖雄甘地慈悲為懷，倡導非暴力抗爭，他甚至說：「一個民族的偉大和道德進步，可以由他們對待動物的方法來量度」。甘地是一名素食者，而且是一個尺度十分嚴格的素食主義者，可謂毫不讓人意外。

有趣的是，殺人如麻的暴君希特勒，他也是一個素食者！但卻是基於完全不同的原

因——一套奇怪的宗教和人種史觀。

至於在政治尤其外交上長袖善舞、八面玲瓏的英國首相邱吉爾，他有著紳士教養，又喜愛透過飯局來廣交朋友，在政治上合縱連橫，所以大家不難想像，他的餐桌會是如何多采多姿，珍饈百味，琳瑯滿目。事實上，邱吉爾有一句名言：「我的品味十分簡單：我會很容易被最好的東西所滿足。」（My tastes are simple: I am easily satisfied with the best.）

但也有截然不同的蓋世梟雄，雖然拿破崙曾經說過：「肚子是行軍的關鍵（An army marches on its stomach）。」但對於這位沙場悍將，吃東西只不過是為了填飽肚子，他並不願意為飲食花上太多時間，通常在十五分鐘內草草了事。他唯一會主動要求的菜色，就只是「馬倫哥燉雞」（Chicken Marengo），一款他相信「彩頭」好、而有利他打勝仗的菜色而已。拿破崙的飲食喜好，因此完全反映出一個粗線條軍人的作風，全副心思都在打仗和政治上，四肢發達，但味蕾卻十分簡單，欠缺生活情趣。

至於那位在南非以愛來化解仇恨，達成種族和解的曼德拉，一生始終鍾情，就算當上總統後仍念念不忘的，卻是一種叫 umphokoqo 的玉米餬。這種口味可追溯至他的童年，幼時在其大家庭裡，曼德拉每餐都是與一大群人圍在一起，分享一大盤這樣的玉米餬。就是這種進食的方式和習慣，深深影響了童年的曼德拉，讓他學會與其它人相處，與人

分享，到長大後，懂得跨越氏族以至種族的鴻溝，與不同背景的人做朋友，而這些友誼，後來更成了曼德拉建立廣泛政治聯盟的基礎。

除此之外，其實「人如其食」這句話也可以進一步衍生，稍稍改成「人如其食相」（You are how you eat）：你的吃相如何，亦最能顯示出你是什麼樣的人。

於是，當你在本書看到英國戴安娜皇妃放下刀叉，用手拿起雞塊來吃，以免一位病童母親尷尬的故事，就更能體會到這位「人民皇妃」如何的善解人意，永遠為別人設想周到，更讓人明白到，真正的高貴，不在於矜持和緊守貴族的繁文縟節，而在於發自內心的親和與善良。

餐桌大外交

食物除了能夠反映當事人的性格、為人和作風之外，餐桌之上，還有更多更高深的政治學問。

吃不吃飯、與誰吃飯（又或者不與誰吃飯）、如何吃飯、在哪裡吃飯、吃些什麼東西和菜式、吃相如何……，對於一個政治家來說，從來都不是簡單填飽肚子的問題，那

更涉及更多微妙和含蓄的政治訊息。

當中最讓人津津樂道的，首推當年美國總統羅斯福，竟以熱狗來招待遠渡重洋、千里來訪的英皇喬治六世伉儷！這是被喻為二十世紀最具爭議性的一次宴請，很多人覺得這是美國人對英國皇室的不敬，甚至是羞辱，但羅斯福卻深謀遠慮，有心想透過一次野餐，尤其是熱狗和啤酒，來拉近兩國的差距，因為熱狗和啤酒，本來就是美國老百姓平日最尋常不過的食物，羅斯福絞盡腦汁，也是想讓民眾覺得英國皇室親近，或最低限度，不那麼高高在上，為之後可能要派出美國人的子弟兵到歐洲打仗，來支援英國，打好民情基礎。這就是史上赫赫有名的「熱狗外交」。

大半個世紀之後，美國總統歐巴馬也仿效羅斯福，來了一次「漢堡外交」，把到訪的俄羅斯總統梅德韋傑夫，請離白宮，反而去到一家自己常常光顧的平民小店，吃漢堡作為午餐，兩人還分享了一份薯條，據說是想借此向對方表達「我並不把你當外人」的意思。

其實，近年，英國首相似乎也開始養成一個習慣，就是喜歡邀請到訪的外國元首到當地酒吧喝上一杯。例如，當年布萊爾邀請過美國總統小布希，近年也有卡梅倫先後邀請過法國總統歐蘭德，以及中國國家主席習近平。或許當啤酒下肚，多了幾分酒意，人

也較為放鬆，彼此間的隔閡也較易打破，較易拉近雙方的距離，並且一樣點出「我不把你當作外人」的意思；而到訪的外國元首，也樂於表現自己平民化的一面，融入當地的「酒吧文化」，實行與民同樂。於是在各取所需的情況下，「酒吧外交」便一次又一次的上演。英國傳媒則慣稱之為「啤酒外交」（Beer Diplomacy）。

治大國，若烹小鮮

老子曾說過：「治大國，若烹小鮮。」以煎魚來妙論治國之道。

法國總統戴高樂也曾經以乳酪來妙論治國：「法國人只會在危難的威脅下才會團結，沒有人能把一個擁有多達兩百六十五種乳酪的國家，凝聚起來。」（The French will only be united under the threat of danger. Nobody can simply bring together a country that has 265 kinds of cheese.）

但真正把食物與治國結合，卻是一位獨裁者，前蘇聯總書記史達林。

在上世紀三○年代，當國家經濟陷入困境，政府財政拮据時，就算史達林仍是決定將大部分魚子醬留給國內民眾消費。這是因為，在沙皇年代，只有皇室和貴族才可以吃到魚子醬這種珍品，所以格很好，可以為蘇聯賺到難得的外匯，但當時史達林仍是決定將大部分魚子醬的出口價

它被視為上流社會生活的象徵，因此，如今倘若連平民百姓都可以吃得到，便可以用來宣傳，在社會主義下，階級已經被消滅，勞動人民終於可以當家作主，享受美好生活。

就是這樣，香檳和魚子醬，就被官方宣傳為蘇聯美好生活的象徵。於是，在國民仍需要排隊才能買到很多生活必需品，國營百貨公司很多貨品櫃還是空空如也的年代，諷刺的是，在蘇聯的國家宣傳機器上，卻讓百姓看到令人垂涎的魚子醬。史達林就是如此，為國民營造了一個虛幻國度，麻醉百姓的神經，繼續活在社會主義的夢幻當中。

除了統治者會利用美食來幫助自己治國之外，就連反對派，為了能夠讓自己的政治論述更加貼近地深入民心，讓百姓更易產生共鳴，他們往往也一樣會運用上食物。

例如：緬甸著名民主運動領袖翁山蘇姬，當年在與貪汙腐敗的軍政府抗爭時，她懂得從普通百姓的日常生活，如早餐、飲茶、探訪朋友、潑水節等經歷說起，道盡在軍政府的高壓統治下，百姓如何生活艱難、缺乏自由，以及活在恐懼當中，從而說出了獨裁政權黑暗的一面，讓民眾更有共鳴。

舉個例，她透過生動描述當地百姓早餐餐桌的轉變，來勾劃出在軍政府統治下，百姓生活艱難的軌跡。她說，過往緬甸人愛以炒飯作為早餐，這通常是把昨晚晚飯吃剩的菜、肉、蝦等剩菜，再加入米飯，在鍋中一起炒熱，便成為一味熱辣辣的炒飯。

但到了後來，這樣美味的炒飯，慢慢在緬甸的家庭裡成了絕響。那是因為生活愈來愈艱難，晚飯裡的菜飯已經變得不夠吃了，遑論吃剩蝦、肉等剩菜。於是，炒飯這樣的傳統家常美食，也只能在緬甸的飯桌上消失，又或者索性用大把的鹽和味精來調味作為代替，讓這味本來美味又有營養的食物，不單變得味道大打折扣，且更不利健康，或甚至只能以稀粥來作早餐，或窮到只能咬緊牙關，餓著肚子。

又例如：捷克共產政權年代重要的異議分子哈維爾，曾經長期被囚禁，失去自由。

但一個好詩人和文學家，卻從小小的伯爵茶中，把自由的可貴說得讓人動容。他說，茶對他來說已成為自由的一種實質象徵，這是他每天能夠為自己自主安排的唯一飲食，什麼時候以及要怎樣泡茶，還可以由他自己決定。在自由社會中意味著的休閒時光，就像坐在吧檯、餐廳、派對、狂歡，如今卻只能以坐在一杯熱茶前的時光所代替。那仍是一件你自己選擇的事物，在這之中，你領略到自由的意涵，也只有憑著如此，才可以支撐他自己免於崩潰。看到這裡，讀者大概會領略到自由的可貴。本來平素習以為常的小事，對於某些人來說，已經是巨大的幸福。

餐桌反映時代變遷

本書也記述了戰後多位美國總統的飲食習慣，當中可以看到時代變遷的軌跡。

孩童年代，晚飯時候，常常喜歡夾些菜，拿起餐盤，便離開飯桌，走到電視機前，邊看邊吃，原本以為這只是孩童稚氣行為，想不到，原來堂堂總統也一樣如此，他就是艾森豪。五〇年代電視剛剛興起，艾森豪與太太倆老旋即迷上，晚上總愛乖乖留在電視機前「煲」節目，吃飯但求簡單打發，於是坐在沙發上，對著電視，膝上放著一個托盤，上面盛些簡單食物，邊吃邊看，那便是一餐了，也就是當時流行的所謂「電視餐」，亦反映戰後初期，大家對飲食並不講究。

到了六〇年代，甘迺迪夫婦把精緻的法國料理引入白宮，找來法國名廚坐鎮，誓要把白宮的社交及飲食辦得多姿多采，於是拿來奉客的，也由以往簡單的水果調酒和三明治，變成琳瑯滿目的雞尾酒和法式小點心。之後，七〇年代的尼克遜也一樣喜歡法國菜，更喜歡親自挑選葡萄酒來搭配。其實，華府的轉變，也反映了美國社會的轉變。當時美國已經從戰爭復原，社會日趨富裕，中產階級除了傳統美國口味之外，開始追求新的味覺之旅，希望多嚐其它國家的佳餚。

到了八、九〇年代，問題已經變為大家營養太好，以及過於肥胖，於是雷根夫人南西，以及柯林頓夫人希拉蕊，都嚴格看管自己丈夫的飲食，不准他們多吃紅肉和甜食，而改以白肉室內和蔬菜為主。作為醫療改革的大旗手，希拉蕊更異常重視白宮的健康形象和訊息，白宮室內不單禁煙，而膳食亦進行了徹底的改革，由濃油厚醬的法國烹調手法，改為健康、蔬菜為主、低卡路里、清新的現代美國烹調手法。

於是白宮裡的早餐，也由油膩和高熱量的法式牛角麵包、奶油麵包、丹麥甜酥餅，轉為沒有那麼好吃但較健康的貝果。法式烹調也改為亞洲和拉丁美洲烹調。總之是低碳水化合物和低脂，尤其是少牛油、乳酪，和奶油，另外，亦差不多要戒絕紅肉。再加上大量的蔬果。

華府飲食風尚的轉變，到了第一夫人蜜雪兒，又更進一步。在歐巴馬當選總統之後，她致力在美國校園內推動「反肥胖」和「健康飲食」運動，甚至擔任宣傳大使。事實上，她和英國帥哥名廚傑米‧奧利佛，已經成了一場學童飲食革命中，最耀目的雙星。她立志要為校園內學童提供健康飲食，並鼓勵學童多做運動，讓他們遠離肥胖，長大之後成為一個健康、體重適中的美國公民。在她倡議下，不少學校已把校內販賣機內的食品，由洋芋片和巧克力等，換成胡蘿蔔和蘋果，學校的菜單也改得更低脂、低糖、低鹽，以

及更健康。她更推薦「胡蘿蔔狗」（carrot dog，即把熱狗中的香腸換成胡蘿蔔），作為理想的校園午餐之選。

就是這樣，從電視餐，到法國料理，到新派清新美國料理，再到胡蘿蔔狗，仔細看看白宮裡不同總統飲食上的轉變，也可窺看到美國社會變遷的軌跡。

從中可見，對政治家來說，餐桌之上，蘊藏著一套豐富的學問，既可觀人於微，也可傳遞含蓄、微妙的政治訊息，亦可窺看社會變遷，甚至可以把食物融入治國的方略、政治論述等當中。

以下，本書將以一道又一道的菜式，一個又一個餐桌上的趣聞軼事，把一位又一位曾經改寫歷史的領袖，一幕又一幕機鋒處處的政治，更加立體的呈現在讀者跟前。

美食和政治之旅，現在開始。

目錄

國宴的菜單

chapter 1

大人物的餐盤

01

拿破崙打完仗後要吃的一道菜

拿破崙一生戰功顯赫，在他帶領下，法國的版圖擴張到史上頂峰，囊括了幾乎整個西歐，普魯士、奧地利、義大利，以至英國等這些軍事大國，不單都是他手下敗將，且更是屢戰屢敗，拿破崙的帝國疆界一直向東延伸至俄國邊境。但也就是為了把俄羅斯一起吞併，才讓他揮軍五十萬征俄，最後被「冬將軍」所敗，損兵折將而返，七零八落，只剩下兩萬人，帝國從此走上衰亡之路。但縱然如此，至今仍無人會否認，他確是一代軍事奇才。

拿破崙曾經說過：「肚子是行軍的關鍵。」（An army marches on its stomach）猜想這位法國蓋世梟雄、沙場悍將，又喜歡吃些什麼？

大家可能以為他身處法國這個美食殿堂國度，而且權傾一時，稱霸大半個歐洲，要風得風、要雨得雨，一定吃得十分「嘴刁」，食不厭精。

答案並非如此。拿破崙的飲食喜好，完全反映出一個粗線條軍人的作風，全副心思都在打仗和政治上，四肢發達，但味蕾卻十分簡單，欠缺生活情趣。

對於拿破崙來說，吃東西只不過是為了填飽肚子，所以他並不願意花上太多時間，通常十五分鐘草草了事。他尤其討厭等待，所以廚房工作人員必須在他想用餐時，隨時可以把菜立即端上（後面章節提到的小布希也是如此）。這樣的速食，不難想到，定必不會是如何精緻的菜餚。

拿破崙唯一會主動要求的菜式，就是「馬倫哥燉雞」（Chicken Marengo），一道味道濃郁的義大利菜（我還記得自己幼年在電視飲食節目認識到這道菜時，主持索性叫它作「拿破崙雞」）。

而這道菜背後更有一段傳奇故事。

馬倫哥燉雞

話說一八〇〇年夏天，拿破崙出兵義大利北部邊境的奧地利領土，其軍隊必須穿越山路崎嶇、地形險要的阿爾卑斯山，更在馬倫哥這個地方遭到敵軍逆襲，在一天酣戰之中，一度勢危，後來才轉危為安，取得關鍵勝利，拿破崙更認為這是他戎馬生涯中的一次重要勝仗，奠定了其霸業。

當時的隨軍廚師杜南（Dunand），知道拿破崙上陣前從來沒有心情吃東西，但相反，打完仗後，卻會立即大快朵頤。但山野中，食材難求，再加上杜南知道主人性急的脾性，便急就章，臨時趕忙找來一些野味，首先是一隻野雞，更忙亂到以軍刀剁斬，以橄欖油煎之，再以番茄、洋蔥、蒜頭、香草，以及拿破崙酒瓶中的白蘭地酒來調味，再佐以煎蛋，以及河中找來的小龍蝦，都是短時間能夠張羅到的東西，再以配給士兵的碎麵包片，用來伴食。對於這樣的一道菜，美食家可能覺得「牛頭不對馬嘴」，用料並不協調，拿破崙卻大讚十分好吃。

從此之後，拿破崙甚至要求每次打完仗後，都要吃這一道菜。但是後來有人指出，拿破崙鍾愛這道菜，恐怕並不是因為它真的很好吃，而只是因為覺得這道菜「彩頭」好而已。

後來拿破崙甚至一直堅拒改變這道菜的配搭，即使廚師覺得小龍蝦很難找，想把它刪除，換成更配合味道的蘑菇，亦遭拒絕。又有一次，廚師將雞肉換成牛肉，結果又惹得拿破崙大發雷霆，臭罵了一頓。因為，他認為這樣會帶來霉運。

唯有一次，因為白蘭地用完，廚師偷偷以葡萄酒代替，繼續若無其事地煮著這道菜，卻未被拿破崙發覺或追究，讓人對這位大將軍的味覺有所懷疑。

這更進一步讓人覺得這位粗線條軍人，全副心思都在打仗和政治上，四肢發達，但

味蕾卻簡單，喜歡這道菜，只是因為它「彩頭」好，有利他打勝仗而已（題外話，拿破崙便是如此一個只曉得打仗和政治的人物，且豈止是飲食，就連他的三段婚姻，都與打仗和政治的考慮及盤算有關）。

但不得不提的是，有人亦認為這只是一個以訛傳訛的傳說，實情是當法軍在馬倫哥取得大勝後，捷報傳回巴黎，某位餐廳老闆把他們的拿手好菜，稍作改良，並取名馬倫哥燉雞，拿個地名作噱頭而已。

\#本文參考自詹姆士·溫特（James Winter）所著《點餐，帶上這本書：50道經典名菜故事和名家獨門食譜，讓你懂「吃」》（Put the Beef in Wellington?）一書。

馬倫哥燉雞

由隨軍廚師杜南發明。取一隻野雞，剁斬，以橄欖油香煎，佐以番茄、洋蔥、蒜頭、香草，再以拿破崙酒瓶中的白蘭地酒調味，煎顆蛋，以及河中找來的小龍蝦，再以配給給士兵的碎麵包片伴食。

02 史達林的「魚子醬內政和外交」

史達林是蘇聯共產黨第二代領袖，列寧死後，經歷了激烈的政治鬥爭，鬥垮了黨內對手如托洛斯基等人，終於牢牢掌握了大權。

之後，他推行農業集體化，又全力推動重工業發展，以計畫經濟的模式，來建設社會主義，使蘇聯成為世界經濟及軍事大國，但過程中，卻付出高昂代價。因為操之過急和施政失誤，造成蘇聯於一九三二至三三年爆發大飢荒，估計五至六百萬國民因而餓死，哀鴻遍野。

但同一時間，他的決策並沒有變得民主化，以減低個人獨斷獨行所造成的惡果，反而進一步集權，以鎮壓反對勢力。他大搞個人崇拜，又以祕密警察實行恐怖統治，又在黨、政、軍之中，以至社會各個領域，進行「大整肅」，以消滅反對聲音，寧枉勿縱，造成大量冤獄。

二次大戰前夕，他本來與另一個大獨裁者希特勒結盟，簽訂了《蘇德互不侵犯條約》，並且瓜分了波蘭，但結果卻證明這只是一個各懷鬼胎的政治交易，最終希特勒翻

臉無情，撕毀條約入侵蘇聯，差點讓史達林國破家亡，這才改而與宿敵英、美結盟，共同抵抗納粹，最後才反敗為勝。

戰後他又控制了多個東歐國家如東德、波蘭、匈牙利、捷克、保加利亞、羅馬尼亞，把它們變作附庸國，延續了半個世紀的鐵幕統治。

以上簡短說明，或許可以讓大家明瞭為何史達林往往被形容成一個冷酷、狡獪、殘暴、野心勃勃、只講強權不講公理的大獨裁者，揉合俄羅斯民族性與共產黨人性格於一身的梟雄。

但有趣的是，這樣的一位暴君與梟雄，卻與魚子醬和香檳這些美食結下不解之緣，這不僅是他個人享受，而是把美食用於內政與外交。

先從內政說起。

二十世紀三〇年代中期，當蘇聯開始從實行農業集體化所帶來的農業崩潰和大飢荒中，慢慢復原過來，以及史達林的政敵亦已被肅清之後，這個獨裁者為了彰顯在其統治下，社會主義建設的成功，以及國家的欣欣向榮，因此開始著力發展用於政治宣傳的消費品市場，用以掩蓋國家的千瘡百孔。

政府開始把國家的部分精力和資源，從重工業、鋼鐵、軍火工業中轉移，進而生產

消費品，滿足國民生活需求。

除了黑麵包、馬鈴薯、花椰菜、伏特加和茶葉，這些生活必需品之外，政府開始供應一些奢侈品，例如魚子醬、香檳、白蘭地、巧克力、香水等。

尋常百姓都吃得起的魚子醬

當中又以魚子醬別具特殊意義，因為此前，在沙皇年代，只有皇室和貴族才可以享用魚子醬這種珍品，所以被視為上流社會生活的象徵，因此，如今若連平民百姓都可以吃得到，便可以用來宣傳——在社會主義下，階級已被消滅，勞動人民終於可以當家作主，享受美好生活。

所以就算魚子醬的出口價格非常好，可以為蘇聯賺到難得的外匯，但當時史達林仍然決定將大部分魚子醬留給國內消費。單是一九三五年，超過一百噸的魚子醬便被擺進國營商店的櫥櫃內，並且，政府的食物部規定，這些魚子醬只能分為小罐，一百克、二百五十克，最多五百克來售賣，務求人人有份，人人歡喜。當時一千克魚子醬的價錢，大概等於一個工人月薪的三分之一，讓尋常百姓都可負擔得起，成了民眾逢年過節的桌

上佳餚。

再以香檳為例，史達林突然在一九三六年，為這種以前被視為資產階級腐化生活象徵的商品，進行平反，說它是蘇聯美好生活的象徵。因著他的主意和介入，從此，以往因為政治因素而被摧毀了的香檳葡萄種植區，如今又再度恢復，香檳衰敗的命運被扭轉了，再次被大量生產。一九三六年的生產目標被定為三十萬瓶，一九三七年為五十萬瓶，一九三八年為八十萬瓶，一九三九年為四百萬瓶，一九四二年為一千兩百萬瓶，以幾何級數倍增。

就這樣，香檳和魚子醬，就被官方宣傳為蘇聯美好生活的象徵。

於是，在國民仍需要排隊才能買到很多生活必需品、國營百貨公司的貨品櫃還是空空如也的年代，諷刺的是，在蘇聯的國家宣傳機器上，卻讓百姓看到了令人垂涎的魚子醬和香檳。

史達林就是如此，為國民營造了一個虛幻國度，麻醉百姓的神經，繼續活在社會主義的夢幻當中。

其實，魚子醬和香檳這兩樣東西，一樣被史達林應用在外交上，在餐桌上麻醉對手，好讓己方在談判桌無往而不利。

舉個例子。在歐戰末期，一九四五年二月，蘇聯作東道主，於境內克里米亞半島的雅爾達（Yalta）召開會議，協商戰後世界新秩序。

這次會議之所以在蘇聯境內進行，是因為史達林堅決拒絕到蘇軍占領區以外的地方開會。結果，邱吉爾和羅斯福必須遷就，遠涉重洋，飛越歐洲戰區，冒險赴會。尤其是當時羅斯福已經病入膏肓（事實上，兩個月後他便因病辭世），要他作這麼長程的飛行，簡直是在賭命。況且，因為兩人的血壓問題，他們的飛機一直要飛得很低，這又再增加了飛行的危險。

但蘇聯一向都是談判高手，所以也不會只一味擺出一副臭臉，惹得對方反感。這位東道主，在款待方面，卻豪華得讓客人無話可說。雅爾達本來從沙皇年代已經一直是海濱度假勝地，美、英兩國的代表團又被安排下榻於不同的沙皇年代宮殿，實在讓客人心曠神怡。至於食物，更好得讓客人食指大動，無法抗拒。這些豪華款待，都是用來討好以至麻醉對手，讓對方放下敵意，在談判桌上不好意思搞得太難纏。

「無論怎樣催促，他們奉上的，都只有魚子醬！」

首先，在接風宴中，已經是一頓豪華大餐，提供魚子醬、香檳、煙燻鮭魚、伏特

加等各種美食，還有英國戰時本土所沒有的橙和柑。邱吉爾的私人祕書約翰馬汀（John Martin），在回憶中形容，魚子醬和香檳，簡直好像「機關槍開火般滔滔不絕」（went on all the time like machine-gun fire）。

而且，不單是接風宴，在後來每日的伙食中，一日三餐都有魚子醬和香檳，源源不絕的供應。況且，還有一項——奶油，這讓英國代表團和邱吉爾自己都笑逐顏開，在戰時物資短缺需要實施配給的英國，極度缺乏奶油。當有英國代表團成員埋怨「琴通寧」（gin and tonic）調酒，沒有檸檬不好喝時，翌日蘇聯人立時奉上整顆檸檬，而非濃縮檸檬汁。這些都令因戰時而要勒緊肚皮的英國代表團成員，看傻了眼。

但在大吃大喝時，狡獪的主人家，卻讓他的客人與世隔絕、斷絕資訊，在談判中吃虧。例如邱吉爾便投訴，總是收不到唐寧街英國政府的訊息：「無論怎樣催促又催促，要求收到訊息，但他們奉上的，都只有魚子醬！」（Calling again and again for news and being only offered caviar!）

在宴會上，表面上看似賓主盡歡，彼此全無芥蒂，但在觥籌交錯間，私底下卻小心翼翼，彼此提防。舉個例，大家都知道，三巨頭個個都好杯中物，而剛巧祝酒和乾杯，正正是蘇俄宴會的特色，但這一次，三人卻都喝得很小心，不單羅斯福和邱吉爾喝得節

制，就連看似粗豪的史達林，都一樣自我克制，羅斯福的幕僚更默默觀察到，每次當史達林把杯中的伏特加喝了一半之後，就偷偷地倒進半杯的水，用來掉包。另外，英方也留意到，蘇聯人在餐宴之間，吃下大量的蘋果、梨等水果，猜測他們是以此解酒。

當雅爾達會議結束，臨到告別，史達林又慷慨向他的貴客，每人送上一大盒禮物，當中有伏特加、香檳、其它酒類、奶油、橙和柑，當然還有──魚子醬。

雅爾達會議的結果，蘇聯是大贏家，拿到史達林夢寐以求的談判結果，美國次之，當時羅斯福已經病入膏肓，而英國則幾近一無所得。當然，最大的原因是形勢比人強，當時羅斯福已經病入膏肓，無力討價還價，而蘇軍卻已經占領整個東歐，手上有很大的談判籌碼，但「魚子醬外交」，恐怕發揮了一定的麻醉功能。

其實，雅爾達會議式的款待，並非唯一一次，在戰爭更為困難的時期，例如一九四二年八月，蘇軍在高加索和史達林格勒戰線均節節敗退，當時邱吉爾訪問莫斯科，亦受到類似豪華的款待。

當時早餐是魚子醬、蛋糕、巧克力、葡萄、果乾等。英方代表團成員不太習慣食物口味，提出想要培根和煎蛋時，奉上了大大一碟四顆蛋與九塊培根，讓英方看傻了眼，尤其是，當他們想起，蘇聯大部分老百姓正飢腸轆轆，更有絲絲歉疚。難怪邱吉爾後來暗嘆，他的住處彷彿是只有「極權國家才能提供的奢華」（prepared with totalitarian lavishness）。

　或許，在現代，只有極權政府，才能夠提供如此奢華的款待，尤其是當國家有大部分老百姓，因戰爭正處於水深火熱、飢貧交迫之時。

＃本文取材自尤卡‧格羅瑙（Jukka Gronow）所著《魚子醬配香檳：史達林時代俄羅斯的奢華和美好生活理想》（Caviar with Champagne: Common Luxury and the Ideals of the Good Life in Stalin's Russia）以及西達‧史德澤（Cita Stelzer）所著《與邱吉爾共進晚餐：餐桌上的決策》（Dinner with Churchill: Policy-making at the Dinner Table）兩本書。

一九四二年邱吉爾訪蘇之行蘇聯官方送別晚宴菜餐

冷盤：魚子醬、鮭魚、鱘魚和醃漬鱘魚、黃瓜、水蘿蔔、各式沙拉、乳酪、蘑菇配酸奶油、肉醬、茄子、鯡魚和鯡魚乾、凍火腿、蛋黃醬、鴨、番茄

主菜：法式牛肉清湯、奶油燴雞、香檳鱘魚、鵪鶉、乳羊配馬鈴薯、馬鈴薯泥、蘆筍、黃瓜花椰菜

甜品：雪糕配水果、法式杏仁小糕點、咖啡

希特勒：殺人如麻的素食者

希特勒殺人如麻，不單發動了第二次世界大戰，造成生靈塗炭，而且還屠殺了無數猶太人，雙手沾滿鮮血。這樣的一個大魔頭，究竟喜歡吃些什麼呢？

很多人腦海中或許會浮現酒池肉林，甚至是茹毛飲血等畫面，但對不起，恐怕要讓大家失望了，這樣一個魔頭，竟然是一個素食者？！

種種紀錄顯示，希特勒早年還有吃用肉品，但到了一九三七年以後，卻出現轉變，德國媒體開始宣傳他是一個素食者，並說這是因為他們這位偉大領袖愛護生命、愛護動物。

到了一九三七年，就連美國的《紐約時報》都來湊熱鬧，報導希特勒不單止不吃肉，他甚至也不菸不酒，餐桌上只有蔬菜、湯、蛋，以及礦泉水。

希特勒甚至宣稱未來將是素食者的世界，又說吃肉有損人性。似乎，納粹領袖的心理狀況都頗奇怪，一方面對人殘忍，但另一方面卻對動物仁慈。事實上，納粹以至德國歷史裡很多著名領袖，都飼養寵物，不僅是希特勒，甚至是普魯士時期著名的「鐵血宰相」俾斯麥，都是愛狗如命的人。

哪個音樂家讓希特勒不吃肉？

希特勒為什麼不吃肉呢？有一種說法，是他受到他所景仰的十九世紀浪漫主義音樂家華格納（Richard Wagner）影響。

當希特勒還年少時，便對這位音樂家的樂曲情有獨鍾，這不單是因為這些樂曲悅耳動聽，更因為這些作品的素材大多來自古老的神話和史詩，尤其是歌頌日爾曼人的遠古世界，展現出英雄神話裡的偉大和磅礡，但也同時歌頌戰爭和鮮血帶來的驚悚、毀滅，以及從中帶來的快感。這種音樂對煽動德國民族主義情感提供巨大的力量。所以，不止音樂那麼簡單，華格納的政治傾向，也深深滲入少年希特勒的心靈之中。

而且，不單止政治傾向，就連飲食主張，希特勒也受到這位音樂家所影響。在華格納所撰寫的〈英雄主義和基督教信仰〉（*Heroism and Christianity*）一文中，他提出自己的古怪宗教史觀。他說人類的墮落，是從放棄素食那一刻開始，人類遭受他們自己宰吃的動物之血液所沾汙和腐化，開始淪落；而德國人的祖先，也就是偉大和優秀的雅利安民族，更為了第二個腐化之源，那就是跟劣等民族即猶太人通婚，生出雜種的後代。

因此，若要把德國人重新「純淨化」，那便需從這兩個源頭入手。

結果，希特勒不單成了一個素食者，他還屠殺了猶太人。

除了素食之外，這個大魔頭的另一飲食習慣特徵，就是時時刻刻都怕被人在食物中下毒。

二〇一三年四月，曾任希特勒試食員，當時已屆九十五歲高齡的瑪歌‧弗克（Margot Woelk），終於打破多年沉默，向記者和媒體披露這位元首的飲食習慣。

話說當年希特勒在位於東普魯士，被稱為「狼穴」的軍事指揮部指揮德軍打仗。但他卻害怕遭人在他的食物中下毒暗算，因而設有試食員，為他每餐之前試吃食物。

弗克回憶，當時的試食員共有十五位，都與弗克一樣是年輕女子，由「ＳＳ」（納粹黨衛軍）所強行徵召。

弗克回想，在她於「狼穴」工作的兩年半期間，真的從來未見過希特勒吃肉，他只吃素。只有蘆筍、燈籠椒等最新鮮、最好的蔬果才能送到元首的餐桌，再配以米飯和麵條，就成了希特勒的一餐。她還記得，那些最合時令的蘆筍配以美味的荷蘭汁、菜湯小丸子、燒紅椒、米飯、沙拉，都是元首餐桌上的常菜，還有希特勒一個禮拜會吃一次燉雜菜鍋，因為當時納粹要人民在戰時節約，因而每週至少要吃一次的簡單經濟實惠大鍋菜。

弗克說，這些食物都很美味，尤其是戰時物資短缺，什麼東西都要配給，這些簡直

就像天堂裡的美食，但她們這些試食員卻味同嚼蠟，食不知味，因為她們都誠惶誠恐，恐怕食物被下了毒，自己成了替死鬼，成了自己最後的一餐。大概要等四十五分鐘，看到這些試食員平安無事之後，這些食物才會送到元首的餐桌上。

其實，希特勒不單只吃素，甚至連酒都少飲，菸也不抽，簡直是一個健康飲食的典範。

你會投票給哪位候選人呢？

政客A：常常跟一些不誠實的政客來往，也會諮詢占星學家，有婚外情，是個老菸槍，有酗酒習慣，每天得喝八至十杯的馬丁尼。

政客B：過去曾經有兩次被解雇的紀錄，睡覺要睡到日上三竿，中午才會起床，大學時吸過鴉片，而且每天傍晚都會喝一杯威士忌，更同樣被傳言有酗酒習慣。

政客C：他曾是一位受勳的戰爭英雄，素食主義者，不抽菸，只偶爾喝一點啤酒，從沒有發生過婚外情。

那麼你又會選哪一個？恐怕很多人的首選都是C吧？那麼，告訴大家答案：

A：羅斯福。　B：邱吉爾。　C：不錯，就是希特勒。

04 墨索里尼的沙拉與麵包

墨索里尼，義大利的大獨裁者，上世紀二〇年代，建立了「黑衫軍」，作為其私人武裝力量，聲稱只有他們才可挽救祖國於混亂、蕭條、水深火熱之中。之後，透過「向羅馬進軍」，發動政變上台。後來更自稱為「領袖」，實行了近二十年的法西斯統治，更企圖透過對外擴張，聲稱要為義大利重拾古時羅馬帝國時代的榮光，鼓動民族主義，鞏固自己的權位。直至二次大戰戰敗，他才被推翻。

墨索里尼是法西斯主義的創始人，被「譽」為希特勒的老師，啟蒙了後者的納粹主義。在這些主義之下，國家、民族被捧成至高無上，個人的自由和權力被高度壓抑及犧牲，並以國家民族利益為名，發展出高度集權以至軍國主義政體。

那麼，作為義大利這樣一個美酒佳餚國度的大獨裁者，墨索里尼又是否識飲識食，盡享祖國得天獨厚的美食呢？

義大利國旗由三種顏色所組成，分別是紅、白、綠。但究竟三種顏色代表些什麼？則可謂眾說紛紜。但對於老饕來說，最令人垂涎的說法是，它代表了義大利菜的三大台

柱：番茄、蒜頭、和橄欖（另一說則是番茄、乳酪、和羅勒）。無論真真假假，這種說法也反映了烹調在該國國民心目中的地位，甚至可以攀上民族認同和尊嚴的高級層次。

義大利菜、中國菜和法國菜，合稱世界三大料理，內容可謂多姿多采，美不勝收。

如果你到當地，跟人說要嚐嚐義大利菜，情況就好比到中國，說要嚐嚐中國菜一樣，同樣令人為之尷尬，不知道究竟該拿出什麼食物來招呼你。

五花八門的義大利菜系

中國有所謂四大菜系，而義大利剛巧也一樣，不同地方烹飪各有特色。這裡首先有一個獨特的歷史因素，其實直到十九世紀初，半島上還只是包括八個獨立的城邦，沒有一個統一的國家，不同城邦在文化上各有特色，直到一八七一年才告統一；再加上，該國地形狹長，不同地區氣候風土差異頗大，所以烹飪上產生出不同菜系，也是自然不過的事情。

義大利北部菜以米蘭等地為代表，口味較重，較為油膩，醬汁多脂多肉，且愛用奶油而少用橄欖油，愛以米飯和玉米粥而非義大利麵為主食。

義大利中部菜則以托斯卡尼為代表，也被稱為該國最豐盛的美食區，那是一個山城

和畜牧區，山珍和農產品豐富，如佛羅倫斯的牛排、錫耶納的牛肝菌菇又或者香堤葡萄酒等等。再加上帕爾瑪的火腿和乳酪、翁布里亞區的黑松露，以及義式香腸薩拉米等，都是義大利膾炙人口的名菜。

義大利南部較為貧困，以前農夫每年只吃兩頓肉，分別在聖誕節和復活節。所以南方菜也較為簡單，多採用蒜頭、番茄、橄欖油為烹調基礎，也較常進食蔬菜。

例如披薩的發源地拿坡里，傳統上披薩便只有番茄和乳酪，讓番茄的鮮美，襯托出麵皮的素淨味道，不像美式披薩般，把五花八門的配料鋪滿整個披薩，讓麵皮只能淪為配角。

最後，則是海島菜系，以西西里島為代表，以海鮮為最大特色，煮法也著重新鮮、清淡和健康。

那麼墨索里尼，在這樣的一個美食國度，又是否懂得欣賞？喜愛飲食呢？

答案可能讓大家失望，原來墨索里尼根本不講究吃，他的太太雷切爾（Rachele）說，一碗以蒜蓉、橄欖油、檸檬汁作為醬料的簡單蔬菜沙拉，便是他很鍾愛的一餐。

事實上，他一直稱許印度聖雄甘地和英國文豪蕭伯納這些素食者，他不喜歡吃肉，但偶爾也會想吃一片牛肉。而四十歲之後，他更滴酒不沾。事實上，他的腸胃並不好。

墨索里尼也吃義大利麵食，這主要是因為他鼓勵國民種植小麥，更獲得過成功，讓全國收成一下子上升了三分之一，為其法西斯政權初建奇功。他更愛麵包，認為它比麵食更有「無產階級」屬性。事實上，他的童年十分貧苦，由外祖母養大，兒時一片麵包、幾顆菜，再加幾滴橄欖油，便已經是他的一頓午餐。於是，這也養成他並不饞嘴、並不挑剔的個性。

跟他的老友希特勒一樣，他最討厭花時間去吃冗長的一餐，因此亦厭惡官式宴會，最好兩三下便吃完。當在家裡與太太和五個孩子吃飯時，他要等到所有人都已就座才上桌，最討厭等人，但卻愛在餐桌上高談政見和宏論。

當墨索里尼被問到如何評價各國美食時，他甚至貶低法國料理，認為絲毫不足取，而恭維義大利料理，說這才是世界第一。而在義大利各地方菜系當中，他說首選是北部如「艾米利亞‧羅馬涅」（Emilia-Romangna）菜餚，次選則是中部的托斯卡尼菜。但看到以上所述其飲食習慣時，與其說他真的懂得欣賞祖國之美酒佳餚，倒不如說，他恭維義大利菜貶低法國菜，只不過是要鼓勵國民的民族主義情緒而已。

#本文部分參考自維多利亞‧克拉克（Victoria Clark）及瑪莉莎‧史考特（Melissa Scott）所著《獨裁者的餐桌》（Dictators' Dinners）一書。

義大利菜系

北 部：以米蘭等地為代表，口味重，多脂多肉，偏愛用奶油而少用橄欖油，偏愛米飯和玉米粥而非義大利麵。

中 部：以托斯卡尼為代表，山珍和農產品豐富，如佛羅倫斯的牛排、錫耶納的牛肝菌菇、香堤葡萄酒、帕爾瑪火腿和乳酪、翁布里亞區的黑松露，以及義式香腸薩拉米等，都是義大利膾炙人口的名菜。

南 部：較為簡單，多吃蔬果少吃肉，多採用蒜頭、番茄、橄欖油為烹調基礎。披薩的發源地拿坡里，傳統上披薩便只有番茄和乳酪。

海島菜系：以西西里島為代表，海鮮為最大特色，煮法著重新鮮、清淡和健康。

佛朗哥的「大鍋飯」

佛朗哥，西班牙的大獨裁者，出生於軍人世家，自己後來亦出任將軍。上世紀三〇年代，在得到希特勒及墨索里尼的支持下，在內戰中獲勝，成功奪得政權。上台後，佛朗哥因為反共、對教會虔誠、高舉民族主義，因而獲得國內右翼及保守勢力支持。他實行專制統治，大力鎮壓反抗運動，大規模囚禁以至處決異己，讓國家更加撕裂，各地的反抗運動負隅頑抗，或轉入山區作戰，或流亡國外，抗爭直到五〇年代仍未停止。同時間，他亦整治國內不同地方勢力和種族，所以，例如以巴塞隆納為首都的加泰隆尼亞人，及以畢爾包為首都的巴斯克人，都對佛朗哥可謂恨之入骨。打壓愈大，反抗也愈大，這也種下了西班牙國內各個地方和種族與中央長期對抗的種子。

但佛朗哥最明智的地方，是沒有讓西班牙加入軸心國，一直保持曖昧態度，只派出「志願軍」（即藍色師團）幫助希特勒攻打蘇聯，且一見到情勢不對，便抽身而退，對西方歐美國家更一直秋毫無犯，因而沒有陷入二次大戰的泥沼，結果得以自保，統治了西班牙近四十年，於一九七五年才病逝，享年八十三歲，得享高壽，是二十世紀歐洲在

位最長的獨裁者之一。

除了義大利菜和法國菜之外，不少人都會認為西班牙菜是歐洲另一多姿多采的料理，好比廣東人「點心」的餐前風味小吃（Tapas）、黑毛豬火腿（Jamon Iberico）、烤乳豬、水果酒（Sangria），以及大鍋飯（Paella）等，都是讓人垂涎的美食。之前筆者到西班牙旅遊，有幸把這些名菜一一嚐過，實在是人生一大樂事。在這些云云西班牙美食之中，我最喜愛的是Paella，後來我才知道，佛朗哥與Paella，原來也有過一段淵源。

原本的西班牙海鮮飯其實是？

不少人把Paella中文譯作「西班牙海鮮飯」，但其實這種譯法有點誤導，因為不少款式的Paella，其實是以雞肉、兔肉、香腸，甚至以蔬菜入饌的，不一定是海鮮。事實上，Paella原本指的就是那支大平底鍋，因此譯作「西班牙大鍋飯」可能更加貼切。

Paella原本是在田上耕種的農夫，中午午飯時間，大家聚在樹蔭下，因陋就簡，以柴枝生火，再在大平底鍋內放入米、蔬菜等食材，烹煮成一鍋大雜燴式的「大鍋飯」，分食同享。

後來，社會日漸富裕，吃法得到改良，食材也因應各地所出特產而產生變化，例如，盛產米飯和海產的海濱城市瓦倫西亞，便以海鮮湯來煮飯，再放入魚、蝦、淡菜（孔雀蛤）、魷魚等海產，最後再加入番紅花，就成了一道色香味俱全的美食。如今風靡全球，最為外國人認識的 Paella，也是瓦倫西亞這個版本。

時至今天，差不多每一個西班牙家庭，家裡都有一隻大平底鍋，也有自己獨門的 Paella 食材和烹調配方，等待到重要節慶，又或者有朋自遠方來，便一展身手，分享美味。

據說馬德里市的餐廳，在每逢星期四那天的「每日特餐」，都必然有 Paella 這道菜，當中還有一段典故，而這段典故正與佛朗哥有關。

據說當年住在西班牙首都馬德里的佛朗哥，每逢週四都習慣走出深宮，到城裡吃吃飯，換換口味。經過一番口耳相傳，知道這位元首隨時會「突擊」上門，因此沒有一間餐廳，膽敢冒險，倘若在他光顧時，廚房裡竟然沒有備好他愛吃的 Paella，豈不觸怒元首？於是，久而久之，每間餐廳都在週四備好這道菜。

愛吃海鮮和肉類琳瑯陳的「西班牙大鍋飯」，可知佛朗哥算是識飲識食之輩，喜歡美酒佳餚，不如他的兩位老友希特勒和墨索里尼般沒趣，只愛吃蔬菜和麵包。他雖然

仰慕希特勒，但對其素食習慣不敢恭維，甚至有一個奇怪的偏見，那就是素食者都有一種共產主義傾向。

不錯，佛朗哥也是一個工作狂，時常從早上七點開始，一開工便工作十多個小時，直至午夜。主持內閣會議往往一開便是九個小時，中間連一個休息都沒有，閣員私下叫苦連天。他自己也是到七十多歲之後，才有午睡片刻的習慣（到過西班牙旅遊的人都知道，在夏天午後高達四十多度高溫的情況下，午睡是何等重要）。但縱然如此，佛朗哥卻也懂得享受生活，除了喜歡美酒佳餚之外，也喜歡運動，如狩獵與深海釣魚。

＃本文部分參考自維多利亞・克拉克及瑪莉莎・史考特所著《獨裁者的餐桌》一書。

羅斯福的「熱狗外交」

如果要選出美國史上最偉大的三位總統，最多美國人選的，應該會是華盛頓、林肯以及小羅斯福。

前兩者，為人熟知，華盛頓乃美國國父，他結束英國殖民統治，為美國立國；至於林肯，則解放黑奴，更挽救了瀕臨瓦解的聯邦，兩人都可說是功在社稷。但說到小羅斯福，這位總統究竟有何豐功偉績，值得名垂不朽呢？

當然，最容易提起的，是他帶領美國克服經濟「大蕭條」，以及帶領盟國，打贏二次世界大戰，讓美國以及西方自由世界否極泰來，但他的貢獻並不僅止於此。諾貝爾經濟學獎得主克魯曼（Paul Krugman）曾寫過一本書，《下一個榮景：政治如何搭救經濟》（The Conscience of a Liberal），書中對羅斯福這位總統，可謂推崇備至。他說在二十世紀三〇年代羅斯福推行「新政」（New Deal）之前，美國是一塊貧富懸殊、經濟上極為不平等的土地，後來情況得以改變，財富能夠讓大部分人雨露均沾，中產階級得以形成和壯大，那並非隨著經濟成熟，因而自然而然地出現，反而是國家強力介入的結果，

這種政府干預，就是羅斯福的「新政」。

克魯曼指出，羅斯福的新政當中有三大政策，包括：一、對富人大舉加稅；二、支持工會力量大幅擴張；以及三、藉著戰時的薪資控制來大幅降低薪資差距，都大幅扭轉國家貧富懸殊、經濟上充滿不平等的狀況。克魯曼表示很多右派認為：「如此激進的平等化政策會摧毀誘因，進而毀滅經濟。對獲利課重稅會導致企業投資崩潰；對高所得者課重稅會造成企業精神和個人創業萎縮。」、「強大的工會將要求過度的加薪，帶來大量失業和阻礙生產力提升。」但結果，克魯曼認為「新政」成功地讓所得平等化持續很長的時間，超過了三十年，而那段平等時期正好是一段史無前例的繁榮期。

但本篇要談的，卻是其外交事蹟。

在國際外交舞台上，每一個動作、每一個細節，都往往被視為深謀遠慮、機關算盡之舉，當中饒有深意。因此，為了避免誤解，在外交場合，哪怕只是一舉一動、一言一行，往往都會十分拘謹。

偏偏美國，這個歐洲皇室眼中的化外之地，做起事來卻粗枝大葉，「肉麻當有趣」，表現往往讓那些「高貴人士」側目。

例如，當有貴客自遠方來，主人家自然隆而重之，擺出場面盛大、富麗堂皇、冠蓋

雲集的國宴來款待，以示尊重。但偏偏美國，有時卻會反其道而行，以棒球、烤肉等這類尋常百姓家之物來款待貴賓，讓後者哭笑不得。但這些都罷了，更「離譜」的都曾出現過，那是什麼呢？

那就是以「熱狗」來宴請平常尊貴的一國之君！

原來這個讓不少皇室匪夷所思的美國外交傳統，起源於一九三九年六月，主角就是羅斯福和英皇喬治六世。那時正是二次大戰的前夕，歐洲戰雲密布，英國大敵當前，為了拉攏美國支持，英皇喬治六世（是的，就是那位以口吃聞名的國君，也就是《王者之聲》一片的主角），毅然遠渡重洋，飛往新大陸，當親善大使，希望能夠與美國結盟。

大家要知道，這種美、英官方交誼在今天或許習以為常，但當時美、英仍未完全擺脫獨立戰爭時兩國所留下的創傷和心理陰影，關係仍然敏感、脆弱、心存芥蒂，而崇尚自由、平等的美國平民百姓，也對高高在上的英國封建皇室，沒有多大好感。於是這次英皇喬治六世的美國之旅，便在心裡沒底、戰戰兢兢的情況下出訪。

在首都華盛頓的官方訪問結束之後，羅斯福再安排英皇伉儷到其鄉郊別墅大宅歡度週末，這是為了顯示親善，也為了在一個較為放鬆的環境下，打開心扉說話。

但是堂堂一國之君，平素錦衣玉食，住的是瓊樓玉宇，忽然走到一間鄉郊大宅，只

覺渾身不舒服，再加上前述兩國間的芥蒂，更讓他心存陰影，猜測主人家是否有心怠慢貴客，向現在這個低聲下氣、有求於人的前殖民地宗主國君，還以顏色。

當英皇伉儷到達別墅並安頓下來之後，在晚餐之前，羅斯福招呼英皇先喝點東西，並向他說：「我的母親不太贊成喝雞尾酒，認為你該喝杯茶。」羅斯福的母親莎拉（Sara）正是這間別墅的真正主人，以「惡女人」見稱，她與羅斯福的太太，另一個有名「悍妻」伊蓮娜（Eleanor），一起負責此次接待皇室到訪事宜。英皇答說：「我的母親也會如此認為，但我還是想要一杯雞尾酒。」於是兩人都拿了杯馬丁尼，彼此默默敬酒，一切盡在不言中。揶揄惡女人，無論是太太、岳母或是母親，似乎都是男人打破彼此隔閡的一個好方法。

之後是晚餐，晚餐之後進入正題，女士都退席，只剩下羅斯福、英皇，以及陪同他訪美的加拿大首相麥肯奇（Mackenzie King），三人促膝夜談，討論世界政局。這位當時只有四十四歲的年輕英皇，覺得這位大他十七歲的羅斯福就像慈父一般，與對方談得異常投契。他覺得對方很好相處，不會讓人覺得侷促不安，既是一個好的說話者，也是一個好的聆聽者。結果彼此藩籬盡開，大家談到凌晨一點半鐘，羅斯福才像慈父一樣，把手按在英皇膝上，說：「年輕人，是時候你該上床睡覺了。」會談到這裡才結束。加

大人們的餐桌：國宴和名人的飲食軼事及領導風格　｜　50

拿大首相陪同英皇到臥室，英皇還意猶未盡，未能入睡，興奮的說：「為何我的大臣就不能像這位總統如今晚般跟我說話？」、「我覺得這就像一位父親給我最小心及智慧的忠告。」

皇室與平民的交手

翌日早上，他們一起到鄉間的教堂參加主日禮拜。之後，便是成了歷史佳話的著名郊外露天野餐「熱狗外交」（Hot Dog Diplomacy）的現場。這是被喻為二十世紀最具爭議性的一次宴請，宴請英皇吃最平常的野餐餐點、啤酒，甚至是熱狗！很多人覺得這是美國人對英國皇室的不敬，甚至是羞辱，但羅斯福卻深謀遠慮，有心想用野餐，尤其是熱狗和啤酒，來拉近兩國的文化差距，讓美國民眾覺得英國皇室親近，或最低限度，不讓人覺得皇室高高在上，為之後可能要派出美國人的子弟兵到歐洲打仗，來支援英國，打好民情基礎。熱狗和啤酒，本來就是美國普通老百姓，日常最尋常不過的食物。

但要補充，當日的野餐，也不隨便，並非在草地上鋪張布，席地而坐，邊坐邊吃，而是布置有桌椅，只是在戶外用餐罷了。

說回食物，吃的不是什麼山珍海味，那倒也罷了，但料想不到，吃的竟然是熱狗！

英皇伉儷兩人心裡更加七上八下。

皇室向來雍容華貴，舉止優雅，偏偏熱狗吃來，卻吃相難看，所以這對他們來說簡直是好生為難。

眾所周知，要女士吃熱狗，吃相實在分外尷尬，甚至有點不雅，更何況是母儀天下的皇后，皇后伊莉莎白不禁眉頭一緊，唯有不好意思的問羅斯福，究竟熱狗可以怎樣吃？

不料，羅斯福卻粗豪地說：「十分簡單，把它往嘴裡塞，一直往嘴裡塞，直到吃完為止。」

結果，還是英皇豁達，卸下心魔，把熱狗徒手吃下，還吃得津津有味，甚至還要了第二隻熱狗。他甚至仿效美國人吃法，把芥末醬塗在熱狗上吃，但卻不小心讓芥末醬滴在褲子上。

那麼，皇后又如何？她還是選擇以刀、叉來解決那隻熱狗。

翌日，《紐約時報》以頭版報導這「驚世」一幕，題為：「英皇試吃熱狗，還吃了第二隻，並佐以啤酒」（KING TRIES HOT DOG AND ASKS FOR MORE AND HE DRINKS BEER WITH THEM）。

事後，全國都為熱狗而瘋狂。美國民眾對此反應甚好，認為英國皇室隨和及親切，

能夠放下身段，紆尊降貴，與他們這些「化外之民」比肩，一起欣賞熱狗這味「國食」，一改他們一向認為皇室高高在上、看不起人的形象。他們甚至認為，從英皇伉儷吃下第一口熱狗那一刻開始，彷彿他們便默認從此兩國可以平起平坐，無分高低。

一隻熱狗，被賦予如此重大的政治意義，這就是史上著名的「熱狗外交」。

後來，英、美兩國果然在二戰大戰期間締結了軍事同盟，共同對抗納粹德國，以及日本和義大利法西斯。

這個有趣的歷史故事，後來更在二○一三年拍成了電影《當總統遇見皇上》（Hyde Park on Hudson）。

Park on Hudson）。

#本文取材自由威爾・史威夫特（Will Swift）所著《羅斯福伉儷與皇室：富蘭克林與伊蓮娜，英皇與皇后，以及他們改變了歷史的友誼》（*The Roosevelts and the Royals: Franklin and Eleanor, the King and Queen of England, and the Friendship that Changed History*）一書。

【熱狗外交】野餐菜單：

維吉尼亞火腿、煙燻火雞、牛排、小紅莓果凍、沙拉、焗豆、汽水、啤酒，以及

——熱狗！

邱吉爾的「餐桌大外交」

邱吉爾是一位在戰爭時期顯示卓越才能的政治領袖，二次大戰時，他在納粹鐵蹄踐踏大半個歐洲時，憑著勇氣和鋼鐵般的意志，堅定不移地帶領英國這個孤島，拒絕議和，抗爭到底，力保歐洲自由和民主的最後火種；在民心最迷茫時，憑著其鼓舞人心的能力，激發出英國百姓的勇氣和決心。最後，帶領英國度過百年來最黑暗、最風雨飄搖的時刻，取得最終勝利。

邱吉爾的信念是，政治家要具備膽識，不能畏首畏尾，敢於承擔風險，但他絕不是一個只有匹夫血氣之勇的莽夫，而是老謀深算，深具歷史視野。

他是一個天生的外交家，在大英帝國今非昔比，國力萎靡不振時，仍能夠運籌帷幄，與美、蘇等列強「合縱連橫」，與納粹和法西斯周旋，最後躋身同盟國三巨頭之一，與美、蘇平起平坐。

邱吉爾靠的，就是其一流外交手腕，無論何時何地，都可大展身手。

對於邱吉爾來說，餐桌從來都是政治的，是他回饋朋友、拉攏對手、搜集情報的一

大重要場所。

他曾無數次為類似的「政治飯」作東，這為他建立和改善了很多人際關係，為自己的政途鋪平道路。

吃飯吃出士氣、拉攏對手、打探消息的高手

先說「鼓舞士氣」：在盟軍反攻歐洲大陸，成功登陸諾曼第後幾天，邱吉爾特地走到諾曼第灘頭，探望英國官兵，了解軍情，更與名將蒙哥馬利索性在灘頭野餐，就是這樣，首相親臨前線，大大鼓舞了官兵士氣。

再說「拉攏對手」：邱吉爾早年曾任裝備部長，有一次遇上一間軍工廠進行大罷工，他與其中一名罷工代表會面，並建議一起「飲杯茶，吃塊餅乾」，結果這場勞資糾紛，就此順利在茶杯裡平息了干戈，達成雙方都滿意的方案。

最後說說「打探消息」：約瑟夫‧戴衛斯（Joseph Davies）曾任美國駐蘇聯大使，有次他路過倫敦，邱吉爾便請他到家中作客。戴衛斯事後回憶，吃飯期間對方不斷提出問題，由蘇聯工業到軍隊實力，每樣都「打破沙鍋問到底」，而且要的都是事實和數據，令他留下深刻印象。

邱吉爾的飯局之所以能夠為他屢建奇功，是因為每次都能賓主盡歡。事實上，他是一個很好的宴會主人，對賓客十分細心和體貼，時刻確保他們不會被冷落或怠慢，被賓客讚賞無微不至，由菜單，到酒，到陪客名單，都極有心思，而且風趣幽默，擅長炒熱氣氛，讓大家賓至如歸，笑逐顏開。餐桌上的主角並非食物，而是他的笑話和妙語如珠。

舉個例，戰時資源短缺，食物不會好到哪裡，但邱吉爾卻能令晚餐生色不少。邱吉爾的機師回憶，有一回他又宴請一些軍、政界人物，但晚餐的前菜，只是再普通不過的「牧羊人焗派」（Shepherd's Pie），邱吉爾卻別開生面的如此介紹：「蓋在彩雲般的馬鈴薯泥之下的肉末。」（Minced meat under a glorious cloud of mashed potatoes.）剎那間，大家又覺得這個派好似真的好吃了很多。

邱吉爾尤其會為宴會中的座位安排而費心，每次都是由他自己親自定案，不會假手於人。其老友艾森豪便曾讚賞他這方面的心細如塵，並說邱吉爾永遠會把自己安排在其右面，作為首席上賓。只有一次例外，但邱吉爾也事先給他打電話，說因為有一位認識多年的上將老友史末資（Smuts）也會同時出席該場晚宴，問他介不介意就此一次把右邊的位子讓出，改坐到邱吉爾的左邊？由此可見，這位主人是如何周到。

邱吉爾是一個「夜貓子」，愈夜愈有精神，很常將晚餐與工作正經事結合在一起，

因此往往延續至深夜、凌晨，以至清晨。當餐桌上其他人已經睡眼惺忪，開始鬆懈時，這時邱吉爾卻神清氣爽，也因此最易得其所哉。他的工作人員回憶，通常晚餐由晚上九點開始，十點多吃完，之後到視聽室欣賞一部電影，再閒聊一下，到了凌晨一時左右，他們再回到房間，邱吉爾會說：「開始討論正經事吧！」再討論到清晨三、四點。

後來拜相的麥美倫（Harold Macmillan）便曾回憶，當年他們就是如此和這位老上司抽菸、飲酒、辯論，當然少不了的，便是徹夜聽對方大發宏論。

二次大戰是一個大時代，在這個風雲際會的年代，邱吉爾為了要抵抗納粹和法西斯，得與不同國家進行「合縱連橫」，因此其餐桌，除了前述的一般政圈社交之外，還有更磅礴的政治舞台，那就是國與國之間的外交。

有人搞政治，講的是偉大的理想；有人搞政治，講的卻是實際的利益。如果你問老謀深算、在國際政治舞台叱吒風雲兩百多年的英國人，他們的答案，準會是後者。

事實上，「政治上沒有永遠的朋友，也沒有永遠的敵人」，這政治學上的百年名句，便是出自英國人之口，那是兩度出任英國首相、三度出任英國外相的十九世紀英國政治家帕默斯頓爵士（Lord Palmerston），原文是這樣的：「我們沒有永遠的盟友，我們也沒有永久的敵人，我們的利益才是永遠和永久的，而我們的責任就是去追隨這些利益。」

（We have no eternal allies and we have no perpetual enemies. Our interests are eternal and perpetual, and those interests it is our duty to follow.）

帕默斯頓於一八四八年三月一日在英國下議院發表演說，道出以上這番話，為國與國之間外交的本質，作出淋漓盡致的闡釋，成了日後多少外交家的金科玉律，邱吉爾便是其中之一位。

邱吉爾大半生反共，但到了納粹這個大敵當前時，他卻不惜打倒「昨日之我」，與史達林結盟，當被人質問時，他說：「我只有一個目的，那就是摧毀希特勒，我的人生因此單純多了，如果希特勒入侵地獄，我也會在下議院為撒旦討救兵。」（I have only one purpose, the destruction of Hitler and my life is much simplified thereby. If Hitler invaded Hell, I would at least make a favorable reference to the Devil in the House of Commons.）隨了這樣的政治和外交上的極大彈性之外，邱吉爾更擅長在餐桌上進行他的大外交。

邱吉爾曾經說過：「如果我能夠跟史達林每週吃一頓飯，那就什麼麻煩都可以解決。」

又有一回，邱吉爾想結束希臘內戰，於是便邀請了三位希臘共產黨的代表，與自己和希臘的樞機主教等，一起談判。並向左右說：「如果可以把他們請來跟我們一起吃飯，

那麼難題便會迎刃而解。」

不錯，餐桌，往往是邱吉爾辦好外交的場所。他認為只要能夠與對方面對面吃飯，在較為輕鬆的氣氛下，他就可以好好運用自己的魅力和口才，來說服對方，達成外交任務和目標。

當中最經典、最成功，以及在歷史上影響深遠的，要算是一九四一年聖誕期間他到訪美國一役。

面對面吃飯，吃出兩國鋼鐵同盟

當時納粹席捲大半個歐洲，在西線，只剩英國孤獨和艱苦地對抗納粹；而在東線，納粹的鐵蹄則踏至莫斯科城外，讓這個紅都危城告急。一九四一年十二月七日，日軍偷襲珍珠港，把美國拖進了戰爭，形勢開始改觀。大家或許以為邱吉爾可以暫時鬆一口氣，但事實卻剛巧相反，當時美國舉國上下，都在咬牙切齒，想著如何向日本復仇，邱吉爾的艱難任務，就是如何可以說服羅斯福和美國政界，該以「歐洲優先」，而非「太平洋優先」，促使美國大部分的軍力和資源，投入歐洲而非亞洲戰線。

為了說服羅斯福，在這戰火漫天的日子，哪怕是長途跋涉和冒險，邱吉爾也毅然決

定要親自飛到美國一趟，因為他相信只要能夠面對面，那將令他更有機會發揮，去說服羅斯福。但對方卻不一定對他真的熱情歡迎。首先，國會裡很多人都是支持麥克阿瑟將軍的「日本優先」戰略；再者，第一夫人，就是前文提到那個異常強勢的伊蓮娜，則對這個來自沒落帝國的老政客，沒有絲毫好感。因此，羅斯福本來是想婉拒邱吉爾到訪的，不想在這個千頭萬緒的緊要關頭，還要花時間和精神去應酬他。但邱吉爾卻堅持成行，羅斯福最後也只能應允。

此行，扣除了中途他到訪渥太華以及在佛羅里達州小憩之外，邱吉爾在白宮逗留了將近兩個星期之久，破了當地到訪政要的紀錄。他首先爭取到一間與羅斯福相鄰的臨時辦公室，以便兩人可以隨時會面。

期間，兩人共進了十三次晚餐，以及幾次的午餐，讓邱吉爾有大量的機會，可以在餐桌上和輕鬆的氣氛下，與羅斯福增進彼此的友誼，當然更重要的是，以其滔滔口才和個人魅力，說服對方接受他的政治、外交、軍事觀點，接納他所提出的建議。

尤其是兩人都愛杯中物，而餐前又往往有一個小小的雞尾酒會，於是兩人更喝得異常投契。

這還不止，在多少個晚上，邱吉爾和羅斯福摸著酒杯底，抽著菸，無所不談，一直

聊到凌晨兩、三點，就算羅斯福的悍妻伊蓮娜過來如何暗示、明示，說羅斯福該是時候上床睡覺，但邱吉爾也裝作懵然不覺，依舊與這位總統談個不亦樂乎。

在聖誕節當日，邱吉爾又和羅斯福及其家人，一起出席彌撒，這又為兩人多添了一重有宗教意義的親密關係。到了晚上，羅斯福又邀請邱吉爾出席自己家裡的聖誕晚餐聚會，在佳節中分享喜悅與溫馨。

就這樣，兩位政治巨人建立了深厚的友誼，這份友誼，再成了英、美兩國在外交和政治上共同進退的穩固基礎。

當然，邱吉爾的懾人魅力，更在於他演講裡的滔滔雄辯，所以在這次著名的訪美的重頭戲，就是到當地國會發表演說，當面說服和贏取國會支持。在這次著名的演講裡，除了那句著名的「給我們工具，好讓我們完成任務」（Give us the tools and let us finish the jobs.）之外，還有那一瞬間拉近彼此距離的開場白：「我不得不這麼想，如果我的父親是美國人，而母親是英國人，而非像現實般剛好相反（略停），我準能夠憑自己的能力，躋身這裡。」意即選上美國國會議員，邱吉爾的母親是美國人。

到了後來，當他察覺始終有些人心存疑慮的時候，又特地囑咐英國駐美大使館，舉辦了幾次宴會，讓他宴請美國政圈的重要關鍵人物，發揮他的「餐桌外交」。

結果，邱吉爾達成任務，滿載而歸，為兩國於戰時締結了一個鋼鐵同盟，共同進退。

不過，我們也不能過分誇大了邱吉爾「餐桌外交」的作用，畢竟這只能在形勢均等時，因勢利導，順水推舟，但卻不能期望，「餐桌外交」的作用大到可以逆轉國際政治以及列強利益的格局，進而扭轉乾坤。

舉個例，到了歐戰末期，一九四五年二月，美、蘇、英三國，於蘇聯境內克里米亞半島召開雅爾達會議，協商戰後歐洲新秩序，三巨頭各自帶來自己之議程赴會。

羅斯福希望能夠說服蘇聯對日本宣戰，分擔美軍在太平洋戰區的軍事壓力，並且也希望蘇聯支持成立聯合國，於戰後為世界謀求和平；而邱吉爾則希望東歐（尤其是波蘭），在戰後能夠獨立、自由、民主；相反，史達林則希望能夠控制東歐，因為這樣對蘇聯的戰略布局十分重要，讓它能夠以東歐諸國的廣泛地區，建立蘇聯與西方世界的緩衝地帶，避免將來一旦發生衝突，就如二次大戰般，重蹈敵軍（納粹）立即進入蘇聯境內的覆轍。

會議期間的晚宴桌上，一如以往，邱吉爾又鼓其如簀之舌，但無論他如何哄史達林，說他如何英明神武，又對戰後的歐洲團結表示如何樂觀，三國如何能夠領導各國齊享戰後和平，努力營造良好的氣氛和願景，但最終仍是徒勞無功。

因為，一方面，形勢始終比人強，當時病入膏肓的羅斯福已經無力討價還價（事實上，兩個月後他便因病辭世），而且他只想蘇聯應允向日本出兵；而另一方面，蘇軍已經占領整個東歐，成了它最大的談判籌碼，波蘭更是到口的肥肉。結果，蘇聯在會議上取得想要的成果，那就是夢寐以求的邊境緩衝地帶（還包括外蒙古）。

再舉一例，戰後，眼看蘇聯在歐洲張牙舞爪，把多個東歐國家牢牢掌控，讓他們淪為衛星國，且進行高壓統治，當時邱吉爾雖然已經下野，仍未二度拜相，但仍想力挽狂瀾，促成美英兩國再度攜手，力抗蘇聯的紅禍。剛巧碰上美國總統杜魯門發出邀請，請他到杜魯門的故鄉密蘇里州的富爾敦鎮，在母校西敏寺學院發表演講，邱吉爾便欣然起行。

密蘇里州位於美國內陸的中西部，邱吉爾在杜魯門的陪同下，利用鐵路赴會。行程中的兩晚，兩人在總統專用列車上一起度過。這本來又是他可以運用「餐桌外交」的場合，更何況，他們還可以一起玩撲克。所以，這次不單止是餐桌，還有撲克桌，可以用來遊說這位美國總統，接受自己的外交觀點和建議。到了西敏寺學院，邱吉爾更發表了他那篇著名的「鐵幕演說」（*Iron Curtain Speech*），當中指責，從波羅的海到亞得里亞海，已經被蘇聯拉下了一張橫貫歐洲大陸的「鐵幕」。這張鐵幕蓋著所有中歐、東歐古

老國家的首都，像華沙、柏林、布拉格、維也納、貝爾格勒、布加勒斯特和索菲亞，讓它們都受到蘇聯控制。

他呼籲，不能對蘇聯的擴張，採取「姑息政策」（policy of appeasement），美國應和英國，以及英聯邦世界，同心攜手，阻止這種情況出現。

但戰後美國心意已決，希望能夠休養生息，不想與蘇聯發生正面衝突。更何況，之後，史達林對此發表一份措詞十分強硬的聲明反駁，令美國甚至不得不與這篇「鐵幕演說」劃清界線。因此，邱吉爾此行並沒有改變美國的想法，只能無功而返。從中可見，我們也不能過分誇大邱吉爾「餐桌外交」的作用，它始終有著其局限，作用不會大到可以逆轉國際政治以及列強利益的格局，扭轉乾坤。

正如邱吉爾自己也曾說過：「在東方也好，西方也好，如果認為所有殘酷的問題，可以透過⋯⋯個人會面簡單解決，那將愚不可及，縱使這些會面都是極為友好的。」

始終，形勢比人強。

菜色愈簡單愈好？

說了那麼多餐桌上的政治和外交，有讀者可能會不耐煩，問一句，能否回到食物，

說說邱吉爾喜歡吃些什麼，這位英國紳士，對食物又是否講究呢？

邱吉爾有一句名言：「我的品味十分簡單：我會很易被最好的東西所滿足。」從這句話，不單可以看出邱吉爾的幽默和語文造詣，也可以看出他對品味的要求。

他說與家人「生活過得十分簡單」，只需一些生活「必需品」，但這些「必需品」包括：熱水泡浴、凍的香檳、新鮮的豌豆，以及陳年威士忌。

邱吉爾說他只需「簡單的食物」，但問題是，他對「簡單」的要求，跟我們大眾的要求，尺度卻很不一樣。

舉個例，第一次大戰期間，他在前線打仗，他曾多次寄信給太太克萊門蒂娜（Clementine），投訴軍中配給的口糧實在太差，要求太太寄來一些食物作接濟。例如，在一九一六年初那封家書，他便投訴配給口糧中的那些肉，又老又無味，他說寄來的食物「愈簡單愈好」，最好包括：一大塊栗飼牛肉、斯蒂爾頓乳酪、奶油、火腿、沙丁魚、果乾，如果可以的話，最好來個大牛肉派……

這就是他口中的「愈簡單愈好」，夠驚人吧！

事實上，邱吉爾出生於一個貴族家庭，而且成長於維多利亞年代晚期，也即是一個英國上流社會品味養成的年代，他的階層對食物一向講究，用餐習慣多道菜式，他對雪

茄和香檳的愛好，便反映出其公子哥兒的本性。

那麼，究竟哪些菜式是邱吉爾的心頭好呢？在他慶祝八十八歲大壽時，家人為他在鍾愛的薩沃伊（Savoy）酒店中擺了壽宴，當中吃的據說都是他最喜愛的菜式，包括：法式小鍋菜肉湯、煎龍脷柳再捲以燻鮭魚配以小龍蝦、鹿肉釀鵝肝配松露汁，這樣繁複和名貴的菜式，在常人眼中，恐怕都不能算是「簡單食物」吧！雖然菜單中沒有甜品。

有人會說，這畢竟是八十八歲壽宴，不能作準。那麼且看看他平常吃的晚餐。有人透露，有一次見到邱吉爾吃私人晚餐，食物包括香檳與生蠔；而另一個人則說，另一次他見到的則有野鳥蛋、清雞湯、雞餡餅、巧克力舒芙蕾，以及香檳、白蘭地和波特酒等。

不過，有一點倒是十分清楚的，便是邱吉爾十分喜愛喝湯，尤其是法式牛肉清湯（consommé）。他的祕書威廉絲夫人（Lady Williams）便透露，邱吉爾很多時候工作至凌晨兩、三點，那時便會開口要碗湯作為宵夜，所以廚房通常都備有這款湯。

順帶一提，因為他睡得這麼晚，又有吃宵夜的習慣，所以早上七、八點睡醒，邱吉爾愛賴在床上，吃十分簡單的早餐，只有柳橙汁、一顆水煮蛋、一些水果，茶或咖啡。

他更愛一個人吃，他曾說過：「在過去四十年，我和太太只試過兩至三次一起吃早餐，因為對我來說那根本行不通，早餐是應該一個人賴在床上吃的。」

邱吉爾的貼身保鑣莫瑞（Edmund Murray），也提供了一個有關喝湯的有趣故事。

話說一次他到丹麥，由腓特烈四世（King Frederick IV）向他授勳，這位丹麥皇上還熱情到把他留在皇宮小住。但到了午夜，邱吉爾又老毛病病發作，說要喝湯當宵夜，但皇宮廚房裡所有人已經下班，哪有人可以幫他下廚？結果，這位丹麥皇上竟然願意紆尊降貴，親自為這位他器重的政壇巨人，煮了一碗熱湯。

邱吉爾喜歡喝清湯遠多於奶油濃湯，而事實上，他的醫生也建議他只可以喝清湯。邱吉爾喜愛喝法式牛肉清湯到一個地步，在一九三四年，他要求巴黎的麗池酒店，向他提供酒店的配方，他甚至願意為此付出了一百九十法郎的費用。

根據他祕書威廉絲夫人透露，除了法式牛肉清湯之外，另一道邱吉爾愛的菜式，便是愛爾蘭馬鈴薯燉肉鍋（Irish Stew）。邱吉爾尤其喜愛加入大量小洋蔥。他的廚師藍迪莫（Georgina Landemare）也透露，邱吉爾每次吃完這個燉鍋，都意猶未盡，翌日再問昨晚有否吃剩，如果有的話，可否加熱再吃。

就連他的老友艾森豪，受他款待，吃後都讚不絕口。

至於甜品，邱吉爾似乎並不特別嗜吃甜食，常常與他一起吃飯的祕書威廉絲夫人回憶，她從未見過他吃布丁與糖果。另外一些人亦透露，到了一餐的結尾，他大多會選擇

乳酪而非甜食。

最後，邱吉爾雖然是一個美食家，但卻不像他的老友艾森豪一樣，懂得親自下廚。

當被太太說他完全不懂得烹飪時，他說自己也能夠以開水煮隻雞蛋，但威廉絲夫人卻曾取笑說，他可能會連水鍋都燒壞。

本文取材自西達・史德澤所著《與邱吉爾共進晚餐：餐桌上的決策》一書。

戴高樂：以乳酪來妙論治國之難

老子曾說過：「治大國，若烹小鮮。」以煎魚來妙論治國之道。這讓人慨嘆，中國真不愧為一美食大國，就連治國都可與廚藝拉上關係。

若然告訴你，世上也有其它以美食來妙論政治的例子，你會想起哪個國家？不錯，答案亦是美食大國，那就是與中國、義大利鼎足而三，被譽為世界三大料理的法國。

戴高樂在一九五一年大選時，曾說過一句名言：「法國人只會在危難的威脅下才會團結，沒有人能把一個擁有多達兩百六十五種乳酪的國家，凝聚起來。」（筆者按：戴高樂應該不止在一個場合說過這個比喻，因版本不同，乳酪數目也有所不同，有說是兩百四十六種，也有說是兩百五十八種等等。時至今天，法國乳酪的數目，遠遠不止此數。）

戴高樂就是如此以乳酪品種繁多，來說明法國的文化多元性，不同區域民風各異，自以為是，各行其是，亦因此，難以團結一致，加深了治理的困難。

乳酪（cheese），港人譯為「芝士」，台灣人譯為「起司」，是歐洲的一大主要食品，

材料可以是牛奶和羊奶，有些經過發酵加霉，有些經過煮過烤過，有些質感實在，有些

軟綿細密，不一而足，總之，把乳汁經過凝固程序成形，便可稱為乳酪，不單種類繁多，

各國各地，各有各自的味道和特色，連吃法也各有不同。

據說拿破崙也十分喜歡吃乳酪，甚至相傳，為了要讓他起床，侍從會把他最愛吃的

乳酪放在盤子上，拿到鼻子旁邊給他聞，以香氣誘他醒來。另外，亦有一傳聞，相傳深

受法國民間歡迎的卡蒙貝爾（Camembert）乳酪，便是由拿破崙當年親自命名，因為他

太愛這款由當地農婦瑪莉阿希爾（Marie Harel）所做的乳酪，因此便御賜以這個諾曼第

小村名字來為乳酪命名。

說回戴高樂，這位法國政治巨人，為人極度自負和傲慢，而且也十分冷酷和小氣，

以難相處聞名。邱吉爾更曾挖苦，例如，一九四一年，盟軍的三大巨頭：羅斯福、邱吉

爾及戴高樂，聚首北非的卡薩布蘭卡，召開一場重要的政治及軍事會議。當時英國充當

東道主，但不久，負責接待的英國官員布蘭登·布拉肯（Brendan Bracken），已忍不住

向他的老闆邱吉爾投訴，說生性傲慢以及脾氣乖戾的戴高樂，是如何難服侍。布拉肯滿

腹牢騷的說：「這位法國將軍的問題，就是他自以為是聖女貞德投胎再世！」邱吉爾滿

臉同情和理解地回答：「但更大的問題是，我們的主教卻不會容許我們燒死他！」

但這位生性傲慢以及脾氣乖戾的怪人，卻在國家數度陷於危難時，挺身而出，扛起國家重擔，以非凡勇氣、決心、堅毅去領導國家，挽救社稷，讓國家最終安然度過危機。

第一次，是二次大戰爆發之初，法國意外地旋即兵敗如山倒，被迫宣布投降，面對戰無不勝、鋒芒正盛的納粹，戴高樂拒絕屈服，選擇在國外組織「自由法國」，領導義軍繼續抗暴。

第二次，則是一九五八年，因為殖民地阿爾及利亞武裝起義，爭取獨立，法國出兵平亂卻失利，反過來影響國內政局，政府內閣如走馬燈的轉換，最後由戴高樂東山再起，組織過渡政府，穩住大局和人心。

第三次，則是一九六八年，法國爆發「紅色五月」風暴，首都巴黎和全國多地發生罷課、罷工、罷市，國家赤色變天可謂旦夕之間，但他卻堅拒妥協，最後更在大選中勝出，平安挺過危機。

戴高樂一身致力幫助法國重拾昔日大國光輝，倘若沒有他，戰後法國恐怕只會更加凋零，成為歐洲的二、三流國家。

那麼，戴高樂自己又是否特別喜歡吃乳酪呢？恕筆者還未找到文獻可作考據，但手上卻有一本書，那是曾在法國總理官邸任職戴高樂御廚的賈克・貝潘（Jacques

Pepin），他的回憶錄《學徒：我在廚房裡的生活》（*The Apprentice: My Life in the Kitchen*）。當中向讀者透露了這位總理／總統的一些飲食習慣。

御廚眼中的真實總理

貝潘回憶，一九五八年初，法國政壇亂作一團，政府內閣如走馬燈的更換，而對外用兵又告失利，軍方怨氣沖天，甚至蘊釀政變。在這風雨飄搖之際，民眾重新想起戴高樂這位退隱了的二戰英雄，紛紛呼籲他重返政壇，主持大局。貝潘還記得，在這個「命運之夜」，政府一眾要員雲集總理府，討論組成新政府。晚上，有個幕僚到廚房找他，問他能否留下，因為這些要員通宵達旦地開會，在深宵時分，可能需要一些食物填肚。

貝潘說，這是他一生中，最長的一夜，國家的前途懸而未決，他唯一能為國家做的，就是煮些好吃的食物。幸好總理府的廚房儲存甚豐，有凍肉、火腿、乳酪、各式各樣的法式麵包醬，於是他便決定做三明治。這些三明治很受歡迎，會眾狼吞虎嚥地吃下。到了明晨，戴高樂被推舉為臨時總理，負責修訂憲法，並組成過渡政府。

從此，被大家暱稱為「伊凡阿姨」（Aunt Yvonne）的戴高樂夫人，便成了總理府以及之後總統府的女主人（一九五九年一月，戴高樂進而當上法國總統），這位第一夫人

十分重視自己丈夫的健康，並認為自己是其丈夫健康的守護者。例如當貝潘建議以羊腿作晚餐時，夫人的第一個反應是，羊腿千萬不要煮得太生，雖然戴高樂喜歡吃羊肉，也喜歡煮得生一些，但她卻認為這對丈夫的健康不大好，所以再三叮囑。

貝潘說，早上通常會跟這位第一夫人開會，由他為每餐建議三份菜單，再由她揀選，並作出進一步指示。但「伊凡阿姨」其實為人十分溫婉，說話也很有禮貌。

戴高樂是一個傳統的人，每逢週日，都會定為家庭日，謝絕一切社交應酬，把時間留給兒孫。去教堂做完禮拜後，便會一家團聚吃飯，吃的通常都是傳統法式料理。

主菜常是他喜歡的羊腿，伴以奶油汁，或蛋黃醬；另一週日常見菜單，則是鰈魚柳慕斯捲，伴以蘑菇和番茄汁，再上燒小牛肉作主菜，伴以燉菊苣，法式奶油焗烤馬鈴薯和紅蘿蔔。當然還會有沙拉，甜品則是法式蘋果派或鮮果盅，除此之外，還少不了乳酪拼盤。

值得一提的是，貝潘指出，戴高樂為人十分嚴謹，不愛貪小便宜，例如前述的週日家庭宴會，他便堅持不能以官方帳目支付，雖然他並不富有，但卻認為此乃私人聚會，理應自己買單，並認為這關乎道德操守。

儘管「君子遠庖廚」，戴高樂甚少到廚房，但在諸如聖誕節，他會特地會見府中的

工作人員致謝。貝潘印象中的這位主人，為人有禮，記得每人的名字，並會細加關懷。

但他的那份威嚴、高大的身軀、雄渾有力的聲音，卻總會讓大家自然而然的恭謹。

貝潘亦稱讚這位總統有情有義，他回憶當自己要另行發展，提出辭呈時，戴高樂伉儷特地在晚餐後抽出時間見他，向他致謝，並恭祝他一切順利，與他握手，並送了他一枝香菸，說：「願幸福快樂與你同在。」、「為你的健康而抽一口菸。」

幸好這是六○年代，換轉是今天，說「為你的健康而抽一口菸」，一定被人報以「政治不正確」的白眼。

原來，這位生性傲慢以及脾氣乖戾的怪人，也有溫柔親和的一面。

最後，順帶一提，以美食來妙論政治的，除了戴高樂之外，還有另一位法國總統席哈克（Jacques Chirac）。

話說，二○○五年七月十三日，席哈克、德國總理施羅德、俄羅斯總統普京在一個外交酒會場合碰頭，把酒言歡。酒酣耳熱之間，他們談到三天之後將飛到蘇格蘭出席G8（八大國）峰會，因此也談到英國的食物。席哈克挪揄英國食物難吃，更爆了一句：「料理如此難吃的民族，難以令人信任。」另外兩位國家元首旋即捧腹大笑。席哈克更說，除了芬蘭之外，英國是世上食物最難吃的國家。這番話被旁邊耳尖的記者聽到，並

在法國報章率先報導，引發了一場「茶杯裡的小風波」。

在傳媒炒作下，席哈克再被翻舊帳，傳言另外一次，蘇格蘭裔的北大西洋公約組織祕書長羅伯森（George Robertson），邀請他品嚐家鄉蘇格蘭菜，不料席哈克卻幽他一默說：「這就是我國跟北約之間的困難所在。」這雖屬玩笑性質，但卻也只有法國人才會把食物放到這樣一個政治高度。

各國的乳酪食用方式

北歐：吃法最簡樸實惠，把乳酪切片夾進麵包上食用，或把奶油狀的乳酪塗在麵包上食用。

南歐：吃法多元，加入各種料理中增進味道和口感，除了做沙拉和夾麵包吃外，還有如義大利的麵食、燉飯、披薩，西班牙的 Tapas，希臘的烤焗茄子千層派（Moussaka）等。

法國：最為豪華，乳酪通常會獨立享用，佐以紅酒，或是餐後端上琳琅滿目的乳酪拼盤，邊聊天邊品嚐，作為一餐完美的句點。

Dessert 原本是法文，如今常常譯作「甜品」，但正確的意思是「餐後點心」，而乳酪便是箇中佼佼者。

09 — 麥克阿瑟帶來的義大利麵

日本電影《深夜食堂》，其中一節故事，環繞著「拿破崙義大利麵」（Spaghetti Napolitan），那就是茄汁香腸炒義大利麵。有人會問，這款義大利麵和拿破崙這位法國梟雄有何關係？是否此菜是他的心頭好、每餐無此不歡，因此以其名字命名？其實，答案是完全無關的。不錯，「拿破崙義大利麵」是日本餐廳中的一道流行麵食，但Napolitan這個字，跟拿破崙（Napoleon）卻沒有關係，反而與義大利南部城市拿坡里（或譯作拿不勒斯，義大利文是 Napoli，英文譯作 Naples）有關。

義大利人的麵食文化博大精深，款式千變萬化，與中國料理不遑多讓。雖說如此，在全球化過程中，能夠在世界各地最為普及的，則要數拿坡里式（Napoli），及波隆納式（Bolognese，義大利北部一個城市）兩大種，前者是番茄義大利麵，後者則是肉醬義大利麵。這樣的情況有如：西方人往往把中國菜等同成當地唐人街裡所賣的甜酸排骨、粟米羹、春捲、炒飯幾款東西一樣，義大利人聽到或許會和中國人一樣，為之氣結。

而拿坡里義大利麵，正如後面章節談到的教宗與披薩（pizza）時相同，正宗的拿坡

里披薩，就是以麵團加上番茄來烤，簡單，沒有其它多餘材料。所以，倘若我告訴大家，拿坡里義大利麵就是簡單以番茄來炒義大利麵，大家應該不會感到太意外。其實，義大利這個半島，北富南窮，所以拿坡里人習慣簡簡單單以番茄來作菜，例如披薩和義大利麵。當然，義大利人會比較講究，先以橄欖油起鍋，爆香蒜片，再加入新鮮味美的番茄，以鍋鏟壓碎成醬汁（可加入紅酒），以鹽、糖、胡椒調味，再加入已用滾水煮至半熟的義大利麵，快炒即成，上碟時可灑上切碎羅勒，紅綠雙輝映。

「拿破崙義大利麵」其實非關拿破崙？

那麼，日式的「拿破崙義大利麵」又如何？當然是源自西方，但卻與拿破崙無關，反而是與美軍有關，尤其是盟軍太平洋戰區總指揮，五星上將麥克阿瑟。話說，二次大戰，日本戰敗，麥克阿瑟將軍以勝利者姿態接管日本，他首先飛到橫濱，並以新格蘭飯店（New Grand Hotel）作為臨時指揮部。該酒店的總廚入江茂忠（Shigetada Irie），可謂誠惶誠恐，不知該煮些什麼東西給他吃，才不會因為吃不慣而觸怒這位勝利者。後來靈機一動，從美軍的配給軍糧中，看到番茄汁煮義大利麵這款食物，於是便照辦。

當然，原本作為配給軍糧，美軍的茄汁煮義大利麵並不太講究，甚至可說是因陋就

簡，只是以瓶裝番茄醬來煮，並沒有用上新鮮番茄。但堂堂作為一位酒店總廚，入江茂忠也不能太失禮，首先，他先以橄欖油爆香蒜片，再加入這些罐裝番茄，再加入罐裝蘑菇、切碎蔬菜等，一併煮成醬汁，才放入義大利麵快炒。

這個食譜後來傳開，旋即大受歡迎，被其它餐廳爭相抄襲，但因為戰後日本物資匱乏，根本用不起罐裝番茄，更遑論新鮮番茄，於是也只有用上番茄醬，但已經被視為「矜貴」的美食，後來當地經濟開始好轉，再加入香腸，作為肉類和蛋白質的來源。如此這般，茄汁香腸炒義大利麵，成了今天日本餐廳中的經典洋食。

順帶一提，日本人煮的「拿破崙義大利麵」，義大利麵煮得比較軟，就像他們吃慣的拉麵一樣，而不是正宗義大利人講求的「彈牙」（al dente）。因此，「拿破崙義大利麵」傳入日本，與法國人無關，反而與美軍有關。至於美國人吃披薩和義大利麵，則是受早年移民到美國的義大利人所影響。因此，我相信，若要譯成中文，應該是譯作「拿坡里義大利麵」，而非「拿破崙義大利麵」。

有關「拿破崙義大利麵」與麥克阿瑟的典故，參考自日本英文報章《日本時報》（*Japan Times*）二〇一五年一月二十日所載文章，〈拿破崙義大利麵是日本獨特的義大利麵食〉（*Spaghetti Napolitan is Japan's unique take on pasta*），作者為 Makiko Itoh。

10 — 甘地：追求真理的素食主義者

二〇一五年五月，印度總理莫迪訪中，中國國家主席習近平在家鄉西安親自迎接，並以國宴款待，但這次國宴卻別開生面，是一頓素食，因為這位總理是一位素食主義者。

素食國宴？那麼又會吃些什麼菜式呢？

第一道：酸辣湯，配印度烤餅

第二道：雜錦蔬菜煎餅，配紅豆飯

第三道：蘑菇豆腐湯

第四道：豆瓣醬荸薺

第五道：紅燒蘆筍，配竹蓀炒蓮藕

主　食：麵條和水餃

甜　點：熱香薄餅和水果雪酪

有趣的是，莫迪並非印度史上第一位素食總理，事實上，該國歷史上的素食總理，在莫迪之前，便多達七位。其實，印度聖雄甘地，一樣也是一名素食者，而且是一個十分嚴格的素食主義者。

甘地不單是印度的聖雄，甚至是人類歷史上的偉人。他所倡導的非暴力抗爭，啟發了如金恩牧師、翁山蘇姬等著名的人權、民主運動領袖。雖然「公民抗命」這個概念早於十九世紀中葉已由美國作家梭羅所提出，但卻要到二十世紀初，才由甘地在印度的反殖民和爭取獨立運動中，身體力行，發揚光大。

甘地透過「鹽的長征」（Salt March），來進行「公民抗命」，反抗英國殖民者在印度壟斷鹽的供應，讓百姓「抵制貴鹽」；透過號召同胞抵制英國的紡織及成衣，以及杯葛英國政府和各級機構，來進行「不合作運動」；他透過「打不還手，罵不還口」，以及絕食，來進行「非暴力抗爭」。甘地把這些信念和行動，稱為 Satyagrraha，意即「真理之力量」。

以絕食為例，未必是甘地發明，但肯定是由他發揚光大以及聞名於世，這是他主張以非暴力來進行抗爭的方法之一。甘地一生總共進行十七次絕食來進行抗爭，最短那次是一天，最長那次是二十一天，平均長度是八天，最多出現的是七天（共實行過四次）。

甘地常常絕食，那麼當他不絕食的時候，飲食習慣又是如何呢？

大家看到他瘦骨嶙峋，時以苦行者的形貌來講道和抗爭，不難想像到他不是大飲大食之輩。事實上，他在其自傳中第一部第十七節〈飲食方法的體驗〉（*Experiments in Dietetics*）中便提到：「人之所以飲食並不是為了享受而是為了生存。」對他來說，飲食只是用來滿足生理所需，而不是用來滿足味蕾，以及滿足口腹之慾的一種享受。

因此，他對飲食並沒有多大的熱情，只維持一個最低度的需求。

甘地甚至連奶水也不想喝，只有在臥病和營養不良時，被醫生要求他喝一點羊奶來補充營養和恢復健康，才不得不喝。甘地視奶類為非素食，他認為從道德角度來看，每個人除了自己母親的乳汁之外，並沒有權利奪走其它動物的奶水。更何況，甘地認為來自動物的奶水可能會傳播他們身上的疾病，因此並不衛生。

甘地也不吃蛋，因為蛋本來就可以孕育新生命，吃蛋，即使是未經授精者，也是對新生命的扼殺，讓本來可能孕育新生命的東西，拿來滿足我們的口腹之慾。

因為有太多東西他都不吃，所以飲料對他來說尤其重要，是他補充營養的一大來源，他喜愛喝果汁，但卻拒絕喝一切刺激性飲料，包括茶和咖啡，認為不單對健康無益，而且其刺激性更會成為惡念的源頭。

甘地喜歡生吃蔬果，不單認為這樣可以保存它們的營養，而且認為以火煮食會為食物添加戾氣。

甘地也拒絕香料，自傳中〈飲食方法的體驗〉一節中他便提到，旅居英國的後期，因為對素食進一步鑽研，慢慢連對香料的嗜好也逐漸消失了，以前用開水煮菠菜食用，覺得淡而無味，相反的，現在卻覺得津津有味，所以真正讓人嚐到滋味的是心情，而非舌頭。

在同一節自傳中，甘地提到在旅居英國期間，聽到三種有關葷菜定義的說法。第一種：葷食僅包括飛禽走獸的肉，因此魚可以吃，蛋和奶當然也可以吃，這算是最寬鬆的界定；第二種：葷食是指一切動物的肉，如此，便不能吃魚了，但蛋和奶仍可以吃，這算是折衷；至於第三種：包含最廣，不單包括動物的肉，還包括由動物身上衍生出來的東西，包括蛋和奶，都不可以吃，這無疑是十分嚴苛的界定了。

從以上甘地的飲食習慣可以看到，他接受的是第三種，也是最嚴格的一種定義。甘地不吃肉和其它非素食類食物，固然因為他認為那是殘忍，他說過：「一個民族的偉大和道德進步，可以由他們對待動物的方法來量度。」但亦因為他認為那會妨礙人的自我心靈淨化和精神演進的過程，有礙自我修行。甘地把「精神的貞潔」和「食物的

貞潔」相提並論。甘地是一個人盡皆知的「禁慾主義者」，除了性慾之外，也包括食慾。

那麼甘地的素食習慣又是從那時開始的呢？當中可謂幾經周折。

在甘地年幼的那一個年代，幾乎所有印度人都是素食者，除了宗教和修行，以及傳統飲食習慣的原因之外，更大的原因是因為貧窮，根本吃不起肉。甘地的素食習慣從年幼便開始，部分源於其父母的要求，部分也源於其故鄉的飲食習慣。

但是後來，甘地卻遇到了誘惑，他自己稱之為「悲劇」的誘惑，這都記述在其自傳中第一部題為〈一個悲劇〉（A Tragedy）及其續編的第六節和第七節中。

甘地童年時的玩伴 Sheik Mehtab，以至一些印度人，當時開始主張國民應該改變以素食為主的飲食習慣，爭取多吃肉，因為他們認為這樣才能抵抗英國人，英國人就是多吃肉，所以體格和氣力才會比他們好，才可以欺凌他們。而小甘地又真的看到 Mehtab 以及自己那個吃肉的親生哥哥，體格真的比自己強壯，運動成績也比自己好，於是幻想，吃肉可使他身體壯健，膽識過人，如果全國一起吃肉，便可驅逐英國人，於是鼓起勇氣放膽一試。

於是兩人便像做賊一樣去到河邊一個偏僻地方，並帶去了麵包和山羊肉，讓小甘地偷嚐禁果，但當時那塊山羊肉卻粗糙得像牛皮一樣，簡直讓他無法下咽，最後他實在受

不了，於是便拋下羊肉離開了。小甘地說，那天晚上他很難過，做了一晚惡夢，夢見一隻山羊在他肚裡苦苦的哀求，讓他嚇醒。

但他這位損友卻沒有罷休，這次更所費不貲，招待他到一間上好餐廳，為他準備了很多色香味俱全的葷菜，找來一個好的廚師來煮肉，讓小甘地破戒。結果，這種誘惑果然生效，讓他不再厭惡，甚至變得喜歡吃肉，在接著的一年之內，到那裡吃了五、六次之多。

但同一時間，小甘地卻不無罪疚，因為這等於違背了他父母親要他不吃肉的承諾。於是他對自己說：「吃肉雖然是必要的，在國內進行飲食改革也是必要的，可是欺騙父母，向父母撒謊卻比不吃肉更壞。所以當他們還活著的時候，絕不能再吃肉了。等到他們去世後，我就可以自由了。」

素食，是一種選擇，也是對母親的牽繫

到了甘地長大，準備到英國唸法律，但他母親卻擔心（這時他父親已經去世），當兒子到了這個「食肉國度」，就會墮落，抵不住當地風氣和誘惑而「破戒」。於是她找來僧侶，要兒子在僧侶面前立誓，從此不吃肉、不飲酒、不碰英國女子，這樣她才准許

兒子出國到英倫。

當甘地抵達英國，他旋即發現在那裡要實行素食所需面對的困難，畢竟那裡並非像印度是個素食國度。他的房東老太太應允可以包食宿，但問題是除了麵包之外，她煮的蔬菜都淡而無味，更何況甘地又不能吃肉，他形容當時自己不得不時時處於飢腸轆轆的狀態，但他始終沒有再吃肉，因為他認為立誓是一件十分莊嚴的事。

但除了母親和誓言這兩個因素之外，甘地後來亦在素食這個問題上作了一個信念的選擇。真正讓素食成了其堅定信念的，是在他讀過由亨利‧索特（Henry Salt）所著的《為素食請命》（A Plea for Vegetarianism）一書之後。他在其自傳第一部第十四節〈我的選擇〉（My Choice）中，對此有所記述。

話說他在倫敦可謂「無啖好食」，只能吃些以開水汆燙的蔬菜，吃得口中淡出鳥來。有一次他在閒逛的時候，無意間找到一間素食餐館，於是便進去準備大快朵頤，享用他離開印度之後的第一頓「大餐」。他說這餐吃得稱心如意，快樂得實在要感謝上帝對他的眷顧，但原來更大的眷顧還在後頭。

在進入餐廳等候食物上桌時，他買了餐館裡陳列的其中一本書，那就是《為素食請命》這一本。結果一讀便沉迷其中，書中討論了大量有關素食的道德原因，以及吃肉所

種下的暴力種子等等，更讓甘地從此對素食的決心變得更加堅定。最初是不想讓雙親傷心，但如今，素食已經成了他的「選擇」。正如甘地自己說，以前不吃肉，是因為要履行誓言，但從今以後不吃肉，是因為他把素食，看成是自己的使命。

當甘地學成之後返回印度，他才知道母親原來已經去世了，因此，素食習慣更成了他與母親一種永恆的維繫，以及思念。但這已經是後話。

甘地最先吃肉，是為了改善體格，有能力向英國人動武，把他們驅逐出印度。但漸漸地，他的想法出現了根本的轉變，他在思考以非暴力方式來進行抗爭，於是，他與肉食也愈走愈遠。反而把時間和心思花在素食與不合作主義的關係上。

＃本文參考自 Gandhi Research Foundation 其官方網頁上的介紹；以及《甘地自傳：我對真理的實驗》（Gandhi An Autobiography: The Story of My Experiments With Truth）。

11 胡志明的廚房與革命

老子曾說過：「治大國，若烹小鮮。」但真正把廚藝與治國集於一身的，卻是越南開國元勳胡志明。

提起越南開國元勳胡志明，很多人都會想起，一個叼著根香菸、擔起鋤頭、粗線條的草根農民革命領袖。但不說大家可能不知道，胡志明年輕時，其實是曾經出洋學藝，跟隨鼎鼎大名的埃斯科菲耶（Georges Auguste Escoer），學過煮法國菜。但最後卻放下了鍋鏟，拿起了火槍，轉而走去打天下。

究竟埃斯科菲耶是什麼人？原來此人大有來頭，他是現代派法國菜的創始人，法式料理的傳奇和宗師級人物，甚至被形容為「王者中的廚師，廚師中的王者」（The Chef of Kings and The King of Chefs）。除了各種創新烹調祕方之外，更重要的是，他為法式廚房奠定了很多制度的基礎。

例如，埃斯科菲耶在「套餐」以外，提供了所謂「a`la carte menu」，亦即是今天的流行，稱之為「單點」。

埃斯科菲耶的另一革新，就是在法式廚房裡建立了如軍隊般的制度（brigade de cuisine），每個部門由一位主管（chef de partie）領軍。究竟這是怎麼回事呢？莊祖宜在《廚房裡的人類學家》一書中有所解釋。

她說法式廚房裡的人員真的很多，而且分工很精細，情況就真的如「部隊」一樣，包括：冷廚、蔬菜台、魚台、肉台、醬台、屠宰台、點心台。

每一張工作台由一群分為三等級的學徒（commis）所組成，學徒們聽命於各台的領班，也就是前面提過的主管，再往上還有助理副大廚（junior sous chef）、副大廚（sous chef）、行政副總廚（executive sous chef），以及行政總廚（executive chef）。

這套廚房裡的學問，搬到軍隊和戰場中去呢？

深得這位廚神真傳的越共領袖胡志明，行軍、調兵、遣將如神，是否就是因為他把這套廚房裡的學問，搬到軍隊和戰場中去呢？

大家或許會問，為何堂堂一代廚神，當年竟會看得起一個來自亞洲的黃毛小子，對他青眼有加，甚至收為入室弟子呢？

話說，這個越南小子，每當宴會完畢收拾碗碟時，不會像其他侍應般，貪圖方便，把東西通通丟掉，反而會用心去挑，把一些客人沒有怎樣碰過仍算乾淨的剩菜，送回廚

房中去。

有一天，廚神終於忍不住問他原因，胡志明答說食物那樣好，他不想浪費。結果，換來了廚神歡心，便開始向他傳授自己的一身廚藝，最初是蛋糕、甜點的祕方，胡志明學得一絲不苟，進步神速，廚神愈加喜歡，後來更把醬汁的調味心得傾囊相授。大家都知道，醬汁是法式料理的靈魂，傳授醬汁，可想而知，廚神真的把他當作入室弟子了。

放下鍋鏟打天下

但廚房對於胡志明而言卻太小了，外面的天地要大得多，結果他放下了鍋鏟，拿起了火槍，轉而走去打天下，領導越南獨立和統一，最後創下不世功業。

很多年後，胡志明當了國家領導人，那麼他的飲食習慣又是怎樣的呢？

有一次，我在河內機場等候飛機，窮極無聊，結果買了《胡伯伯日常生活的故事》這本書，書裡記述了胡志明衣、食、住、行的許多小故事。

原來，胡志明沒有把當年作為廚師練就的一副刁鑽口味帶進主席府。他要求每餐的標準是「三菜一湯」，「三菜」包括「兩鹹一淡」，第一道鹹菜通常是豬肉、雞肉或紅燒魚（他最喜歡吃的是筍殼魚）；第二道鹹菜通常是魚露、檸檬汁和辣椒涼拌小茄子；

淡的那道菜則是瓜、菜、豆類；湯則常常由菜、酸菜、魚或豬肉煮成。飯後他愛吃一根香蕉，或一個柳橙，或幾顆小棗。一日三餐之間，也會淺嚐一些點心，但通常只是一杯牛奶。

有一次胡志明向身旁的人說，他不是不會品味美食，但當國家仍是戰亂連連，百廢待興時，他又怎忍心對吃喝那麼講究呢！看來，「三歲定八十」，當年那個黃毛侍應省吃儉用的脾性，仍是保留在這位位高權重的開國元勳身上。只可惜，一身廚神絕技，卻再無用武之地，如此這般糟蹋掉。

不過也有人說，當年越共之所以沒有如中共般大搞文化大革命，把法國殖民地的文化精髓連根拔起，實在多虧這段師生奇緣，讓這位主席知道什麼是真真正正的好東西，曉得珍而重之。

所以當我在大勒，那間曾經是法國「印度支那」總部御用度假聖地，今天改建為 Sofitel Dalat Palace 的宮殿式建築，內裡那間 Le Rabelais 餐廳享用八道菜的法國大餐時，我或許應該多謝廚神埃斯科菲耶，曾經調教出這樣的一位弟子，不單讓法式麵包和咖啡，可以保留為越南國食，也沒有惹來紅衛兵，把這些殖民地建築、美食，以及文化傳承，通通毀掉。

冷廚（garde manager）：分管沙拉與冷盤。

蔬菜台（entremetier）：分管蔬果、澱粉、奶和蛋。

魚台（poissonnier）：分管魚類海鮮。

肉台（viandier）：分管肉類，煎、烤、焗各有專門人員。

醬台（saucier）：分管製作幾十種醬汁。

屠宰台（boucher）：能把整隻牛、羊支解為法式烹調所需的標準部位。

點心台（patissier）：分管精美甜點。

12 艾森豪的「電視餐」

艾森豪出身軍旅，二次大戰期間，獲羅斯福任命為盟軍歐洲戰區最高統帥，率領盟軍反攻歐洲，策劃諾曼第登陸，最後戰勝德國，成了家喻戶曉的二戰英雄。

原本戰後他想退休安享晚年，沒有太大的意願競選、操勞，最後，經不起在野已經二十年（當中四屆輸了給羅斯福），發誓不容再失的共和黨，廢盡喉舌地再三遊說，才勉為其難地出山，代表共和黨競選總統。當選總統時已經六十二歲，是美國史上第五年紀大的當選者，僅次於七十八歲的拜登、七十歲的川普、六十九歲的雷根，及六十八歲的哈里森。

因年事已高，精神體力大不如前，再加上他已經家喻戶曉，不需要再大幹一場，來揚名立萬，最重要的，反而是珍惜羽毛，不讓其二戰英名受損，所以他的主要施政方針是無為而治，讓飽受戰爭折騰的國民休養生息。他更盡量想找人分擔重擔，於是設立了白宮幕僚長（Chief of Sta）一職，找了亞當斯（Sherman Adams）出任，並百分之百的信任和授權，自己反而退居幕後。於是亞當斯成了「一人之下，萬人之上」，白宮史上

著名的權臣。當時華府便流傳兩個笑話，第一個是：「萬一艾森豪死了，尼克森（副總統）當了總統，那怎麼辦？」但另一個說法更絕：「萬一亞當斯死了，艾森豪當了總統，那怎麼辦？」

在日常工作和生活安排上，繁文縟節，艾森豪可免則免，官方宴客場合能減就減，晚上六時之後便回房休息。

五〇年代是電視剛剛興起的年代，他與太太旋即迷上這個神奇的光影盒子，晚上總愛乖乖留在電視機前看節目，甚至為了看電視，連吃飯也簡單打發，坐在沙發，對著電視，膝上放著一個托盤，上面盛些簡單食物，邊吃邊看，即當時流行的所謂「電視餐」。

這位軍旅出身的總統口味絕不講究，法式等精緻烹調，只嚴格限於國宴等隆重場合，平常時簡單美式家常口味，畢竟五〇年代還是國家在恢復元氣的年代。當然，這位老總統也有他的喜愛食物，如兩吋厚的牛排，以及肉醬蔬菜馬鈴薯餅（hash），這些十分地道的美國食物，專請來為宮式場合作菜的大廚，也得在平常日子將就一下，為老總統燒這些粗糙的地道出身的地道美國菜。而偶爾在門廊外搞個BBQ燒烤聚會，也是他的最愛。

艾森豪也喜愛偶爾下廚，這是他年幼時已經學會的技能，拿手菜是燉牛肉、BBQ，以及賓夕法尼亞高地德語區（Pennsylvania Dutch）的早餐。

美式電視餐經典組合

五〇年代，當電視開始興起，而社會也進入一個大眾消費年代，為了方便可以全神貫注對著電視，邊吃邊看，美國社會開始流行在晚上吃所謂的「電視餐」（TV dinner），那是一個鋁盤子，分成一格一格，分盛不同已煮熟的食物，一格是主菜，通常是炸雞塊或燒牛肉；一格是蔬菜，通常是雜豆或胡蘿蔔；一格是澱粉類食物，通常是薯餅；一格是加工蜜餞水果或甜品，就是這樣，晚餐所需要的所有食物元素大致齊備。

吃前，頂多需要整盤放在烤箱中稍稍加熱；食用時，整個盤子捧在手上或放在膝上，不需要用到桌子，方便對著電視；吃完，整個鋁盤子乾脆丟掉，乾手淨腳，省下時間，之後又可繼續看電視。

這可說是一個標準的「懶人餐」，當然也是一個「垃圾食物餐」，卻也反映了那個年代民眾對電視的沉迷。

最初的「電視餐」，由史雲生食品公司在一九五三年推出，全名是「TV Brand Frozen Dinner」，史雲生更把「TV dinner」拿去註冊專利商標，結果這個產品大賣，其它食品公司紛紛效發，「TV dinner」作為名稱的專利，到了一九六二年被撤銷，從此成

了一個泛稱，產品賣得火熱。到了八〇年代，因為美國人開始注重自己的健康，輿論大肆攻擊垃圾食物，這種食物才開始式微。

我相信貴為總統，當年艾森豪晚上吃的「電視餐」，一定沒有這樣「垃圾」，起碼是廚師新鮮做出來的，不會是冷藏食物，但這位總統對電視的沉迷，卻相信與升斗小民，別無二致。

＃本文部分取材自藍道（Barry H. Landau）所著《總統的餐桌》（*The President's Table*）。

13

傑佛遜、甘迺迪，和尼克森⋯
法國料理與白宮

如果要問哪一位美國總統最愛法式料理，不少人都會想起第三任總統傑佛遜（Thomas Jefferson）。

傑佛遜是《美國獨立宣言》的主要起草人，也是美國的開國元勛。他曾在一七八五年至一七八九年間擔任美國的法國部長，派駐巴黎，因此與法國可謂淵源深厚。在這四年間，他嚐遍法國佳餚，從此愛上了法國菜，並把烹調方法親自作了筆記，帶回了美國。他對那些精緻和烹調方法複雜的法國菜，如清燉肉、紅酒燉肉、蔬菜燉肉，奶油蛋糕、舒芙蕾，以及以醬汁和酒煮的料理，尤其感興趣。他絕不掩飾自己對法國料理的熱愛，甚至說：「連肉（法國人）都會煮得比我們鬆軟一些。」他自己更是一位葡萄酒專家。

到了他當上總統後，他更和法籍管家勒梅爾（Etienne Lamaire），一起精心鑽研把法國料理引入白宮的日常和宴會菜單當中。因此，可說是法式料理在美國的先驅，也是法國料理引入白宮的日常和宴會菜單當中。因此，可說是法式料理在美國的先驅，也是

一位真正的美食鑑賞家。

傑佛遜以博學多才、見多識廣見稱，除了政治學之外，也精通多門不同學問，被譽為歷任總統當中最聰明和有智慧者。據說，一九六二年，甘迺迪在一個宴請四十九位諾貝爾獎得主的晚宴上，對這群頂尖人物致詞時說：「今晚，我覺得白宮聚集了有史以來最多的人類知識和天賦，但或許得撇開當年傑佛遜獨自在這裡吃飯的時候不算。」

甘迺迪是另一位把法國料理引入白宮的主人，不過卻並不是因為他崇拜和要仿傚他的前輩傑佛遜，而是，他那位眾所周知、風姿綽約的太太賈桂琳，有著法國血統，所以順理成章，這對新主人也把法國料理帶入白宮。

白宮宴會大改造

賈桂琳是一個社交能手，她把白宮的社交辦得多姿多采，也把飲食方式來個大革新。

她在官方接待場合，改以琳瑯滿目的雞尾酒和法式小點心奉客，來代替以往簡單的水果酒和三明治；她為國宴和其它官方宴會場合，引入一張張的圓檯，來取代以往的 U 形和 E 形檯；她把宴會菜式的菜餚數精簡，以提升食物品質，以及餐後精采的音樂表演，包括跳舞，來款待賓客。

賈桂琳又把白宮廚房改造，恢復至十九世紀時的法式廚師傳統，她找來紐約卡萊爾（Carlyle）酒店的法國主廚凡登（Rene Verdon），坐鎮白宮，立志要把白宮的飲食變得精緻和多姿多采。

其實，甘迺迪自己對飲食並非太過熱衷，他對政治（以及女人）的興趣更大，而且也吃得不多，有時晚餐甚至要別人提醒才記得吃。所以白宮廚房的法式大改造，並非為了滿足他自己的口福，而是要把白宮的社交，辦得更體面，以至華麗，以匹配美國的大國外交，和配合他們夫婦在美國社會的社交攻勢。

甘迺迪也喜歡喝湯，最愛是新英倫巧達魚湯、波士頓巧達蛤蜊湯，以及法式馬鈴薯奶油湯。其實三種湯都有些類似，都是濃厚的奶油湯，反映出他的口味。

甘迺迪被刺殺後，副總統詹森繼任，之後老對手尼克森在選舉中勝出。尼克森曾經當過艾森豪的副總統，但他的飲食口味卻比起後者要講究得多，他喜歡白宮裡的廚師為他準備精緻的法國菜，更喜歡親自挑選葡萄酒來搭配。法國酒是他的不二之選，但也偶爾選德國酒來配魚、加州紅酒來配紅肉、香檳來配甜品。尼克森最喜歡吃法國的茅屋乳酪，並佐以覆盆莓和其它水果。

其實，白宮在甘迺迪、尼克森年代的口味改變，也反映了時代的變遷，那時美國已

經從戰爭復原過來，社會日趨富裕，中產階級除了傳統的美國口味之外，開始追求新的味覺之旅，希望多嘗試其它國家的佳餚。就在這時，曾經追隨任職於國務院並派駐法國丈夫的女廚神茱莉亞・柴爾德（Julia Child），把她自己在當地多年來，閒時學習烹飪法國菜的心得，於一九六一年在美國出版了厚達七百二十六頁的烹飪書《掌握法式烹飪藝術》（Mastering the Art of French Cooking），該書出版後旋即大受歡迎，讓她在一九六三年更登上電視螢光幕，主持著名烹飪節目「法國廚師」（The French Chef），令美國掀起法國菜的熱潮，一時人人以吃法國菜為時尚。

＃本文部分取材自藍道所著《總統的餐桌》。

14 — 詹森：粗鄙總統的食相

詹森可能是美國史上最粗鄙的總統（直到川普出現後，才可與他一比），他被譏為德州老粗，因為甘迺迪被刺殺才能從副總統承繼總統大位。

他之粗鄙，首先表現在他的言談，愛在公開場合口不擇言，讓國民蒙羞。

例如，有一次《生活》雜誌記者報導他隱匿一千四百萬元的財產，他憤而對新聞界抱怨：「那個記者上星期才跟我裸泳，他看到我那話兒，但他沒拿尺量，怎麼知道它有十四吋長？」

又有一次，他在宴請貴賓時說，華盛頓是一個利益交換的城市，這個城市只有兩種人：「一種是操人的，另一種是被人操的。」

除了言談之外，他的粗鄙也表現在他的行為，例如他愛如廁時叫下屬在旁，接收他的囑咐和指令，不顧下屬感到難堪；又例如，正如前述，他愛強迫男性幕僚與記者與他在白宮健身房裸泳，說如此裸裎相對，才能顯示坦誠。

他常常會對下屬提出無理以至侮辱性的要求，例如有一回，在穿上新襪子前，要求

一名軍方侍從幫他洗腳；另外一回，則要求侍從幫他修剪腳甲。他也習慣了在女祕書面前全身赤裸。

他的好色，更是到了下流的地步，在此不想多談。

但粗鄙、好色，卻並不代表他無所作為，有時，反而不太正人君子之輩，卻更擅於政治操作。詹森希望建立一個大社會（the Great Society），解決社會的貧困和種族不平等。因為他懂得與國會包括當中的政客打交道，擅於拉攏，結果他成功通過幾項重要的民權、民生法案，立法成績斐然。

但可惜，在他任內，美國在越戰這個泥沼陷愈深，投入越戰的美軍子弟兵，以及造成的死傷，愈來愈多，國內反戰浪潮高漲，但他卻苦無華麗脫身越戰之法，結果讓他愈來愈意興闌珊，最後放棄連任。

甘迺迪是美國的面具，詹森才是美國的真面目

這樣粗鄙的一位總統，又會有何飲食習慣呢？是否也反映出其性格呢？

詹森喜歡喝非常濃烈的調酒，如威士忌加蘇打，烈酒更要占四分之三。侍從的調酒如果稍不如意，他就會把酒杯摔在地上。事實上，詹森還經常喝醉。他的臭脾氣更不止

於此，他常常提出無理的要求，例如有一次從德州坐空軍一號返回華盛頓的途中，他點了沙士汽水來喝，幕僚們跟著也點了同樣的飲料，因此一打沙士旋即報銷，等到詹森想再多要一罐時，已無存貨，這位總統竟然如此欠缺修養，為了區區一罐汽水而勃然大怒，更命令以後要在機上儲備幾千罐，但當然沒有人認真理他。

他的至愛也是肉汁豐盛的牛排，但卻吃得粗鄙，習慣於飲食時隨意大聲打嗝，更有一次，當一口咬下牛排三明治時，咬到軟骨，便吐在手裡，然後隨手丟開，不料卻落在旁人的碗裡；又有一次，吃的又是他鍾愛的烤牛肉，當看見旁人手裡端著一碟時，他一手搶過來，高聲呼喊說：「你這個蠢蛋，你吃的肉根本並沒有烤熟。」再走過去以粗口責罵服務生，並說倘若再有下次，便把他們送到越南，再次大發雷霆，還把碟子摔在地上。除了牛排之外，其最愛是老家德州的家鄉菜，例如燒肋骨、雞肝、醃漬黑眼豆、沒有加豆的辣肉醬等。

法國政治巨人戴高樂總統在出席甘迺迪的喪禮時，曾說過：「甘迺迪是美國的面具，詹森才是美國的真面目。」不知美國人又會如何想？

本文部分取材自彭滂沱所著的《打造美國總統一書》；以及肯尼斯・渥許（Kenneth T. Walsh）所著的《空軍一號：美國總統和他們的專機》（*Air Force One: A History of the Presidents and their Planes*）。

15 ── 福特：「老好人」的口味

福特是美國戰後唯一一位沒有經過選舉洗禮，便僥倖入主白宮的總統，原因是他藉著尼克森因水門案醜聞被迫下台，才以副總統身分頂替。然而就算是副總統，不是都要在大選期間，陪同總統穿州過省競選嗎？問題是，尼克森原本那位選舉搭檔，原來另有其人，那是安格紐（Spiro Agnew），但後來因為金錢醜聞下台，才由福特代替，因此他入主白宮時根本沒有經總統選舉洗禮。

當他走馬上任總統時，其幕僚哈特曼（Bob Hartmann）向他說：「你將會是一位『偉大』的總統（great president）。」怎料，福特卻回應說：「那我可不知道，但我卻真的想做一個『好』的總統（good president）。」

有人形容，福特是「美國近代史裡，能力最被低估的一位總統」。福特在任期間，事事躬親，勤於政務，但卻一直得不到同胞的諒解和欣賞，被視為一個庸碌無能的「阿呆」式總統。有民主黨議員說：「他可能不會動腦筋，只懂辛勤工作。」一個主要原因，就是他「未戰先敗」，他甚至可說是戰後這方面表現最差的一位總

統，到後來即使他表現明顯轉好，尤其是經濟與外交上最後一年成就特出，但卻為時已晚，他永遠跳不出最初幾個月為自己掘下的坑洞：他在公眾全無心理準備的情況下特赦尼克森，給人狼狽為奸的感覺；他那前後矛盾，搞得一團糟的「打擊通膨」計畫；以及表演得一塌糊塗的黃金時段電視演說等，都為他塑造了一個朋比為奸以及庸碌無能的形象。

再加上他其貌不揚，不善辭令且笨手笨腳。傳媒對他往往惡意醜化，有一次，福特訪問日本，當走下空軍一號時，腳步一個踉蹌差點跌倒，這個畫面就被人一再播放，甚至有電視台在一節新聞中竟播了十二次！

美國近代能力最被低估的一位總統

然而隨著時間過去，福特反而受後世愈來愈多人認同，傳記作家埃德蒙‧莫利斯（Edmund Morris）更把他形容為：「美國近代能力最被低估的一位總統。」特別是福特作為一個政治領袖的操守和品格，在今天爾虞我詐的政治圈，尤其彌足珍貴。

《美國總統的七門課》（Eyewitness to Power）一書的作者大衛‧葛根（David Gergen），曾經把福特形容為「正人君子」（A Man of Character）。而兩位研究美國歷

任總統心理、性格和領袖特徵的學者魯本澤（Steven J. Rubenzer）及法辛保爾（Thomas R. Faschingbauer），亦曾經把福特及艾森豪歸入同一類，稱作「一個好人」（Good Guy）。

福特心地的確很好。例如，當南越淪陷，共軍入城時，美國國會卻拒絕伸出援手。但福特卻冒險派出「雷霆救兵」，把五萬個曾經幫忙過美國的越南人救出，收容他們到美國。對於美國本土政治來說，這幾乎是自殺行為，但他卻擇善固執。即使到了今天，那個危城告急，直升機在最後一刻從美國大使館徐徐升起的畫面，仍然教人難忘。

那麼，這位「老好人」的飲食口味又如何呢？

毫不意外，福特的口味簡單又健康，早餐通常是鮮榨柳橙汁、一片水果如蜜瓜、一或兩個英式鬆餅，以及熱茶，鬆餅塗上人造奶油和果醬，這樣便已經是一頓早餐了。福特夫人唯一會向廚房要求的，就是每天以她的配方為第一家庭烘焙新鮮麵包。

週日的早餐會特別一點，吃的是福特的最愛，那是金黃格子鬆餅，配以草莓和酸奶油，又或者德國蘋果煎餅。

福特兩夫婦也愛喝湯，午餐大多十分簡單，以湯配麵包。

晚餐則會豐富一點，會有沙拉，福特夫婦的最愛，就是一種以波士頓生菜、紅洋蔥

片，再配以以油、醋、芥末醬、蒜等調製的法式沙拉醬汁。主菜則很多元化，福特的口味很開放，例如：他既喜歡一些受到德國料理影響的中西部菜式，例如紅酒燉豬肉、排骨配酸菜、各種捲心菜食譜；到了週日，他也喜歡吃英式週日烤肉；他也愛吃義大利麵、義大利餃子與千層麵，事實上，他在當上總統那一晚，便是以此為晚餐；他也會偶爾想吃一下中式炒雜碎，以至砂鍋菜。偶爾，福特亦會要求甜品，如雪糕配水果，最愛則是草莓和檸檬布丁。

福特任內美國經濟低迷，為了以身作則力行節約，這位總統在平常吃飯時把前菜減去，宴會只奉以美國本地酒，以及當糖價貴得離譜時，他甚至把糖罐從餐檯上拿走，能省就省，這就是這位老好人的作風。

本文部分取材自亨利・哈勒（Henry Haller）所著《白宮家庭食譜》（The White House Family Cookbook）；以及藍道所著《總統的餐桌》。

16 卡特的花生農夫本色

面對一個臭名昭彰、在國會彈劾下被迫辭職下台的尼克森所遺留下的爛攤子，卡特輕易擊敗福特而替民主黨重奪政權，且國會也以民主黨議員為多數，實現難能可貴的「府會共治」，所以原先可謂形勢大好。大家對卡特期望甚殷，他也誓言要為華府重新注入一股清新、廉潔、改革、進步的空氣。但結果，一位雄心萬丈的廉潔改革者，最後卻成了戰後美國痛苦指數（失業率與通膨率兩者加起來）最高的一位總統，任內幾乎一事無成，四年後被選民狠狠趕了下台。

這也難怪，卡特以政治道德（或潔癖）作為號召，對「華府集團」，包括官僚、政客、議員和利益集團等，厭惡之情溢於言表，企圖以傳教士式的道德標準和情操，大刀闊斧，改造華府。但是，凡事一意孤行、自命清高的結果，卻不是政通人和，反而是四面楚歌。

卡特的作風往往幾乎不近人情，拒人於千里之外，甚至包括他必須謀取合作的國會議員，縱然來自同一個政黨，但府會關係卻愈來愈緊張，結果，為卡特一直輕慢的同黨國會議員，反而樂見他的政策法案在國會內為共和黨所阻撓。結果，在黨叛親離的情況

下，卡特任內落得一事無成。再加上任內經濟低迷，失業和通膨膨高漲，民眾生計艱難，雪上加霜的是，發生伊朗美國大使館人員被當地激進分子脅持的危機，白宮久久束手無策，派往營救的部隊甚至機毀人亡，這都令美國人的自尊和顏面蕩然無存，卡特自然難逃連任失敗的命運。

清廉儉樸當然是好，不同流合汙也是好，但若太極端，就會落得剛愎自用的下場。

畢竟，政治是妥協的藝術。

卡特出身在一個農民家庭，早年投身海軍，更曾在潛艇中服役，到五〇年代父親去世，才退役重返故鄉，即位於美國南部喬治亞州，承繼父業，種植花生，直到後來走上從政之路。

這樣背景的一位總統，在伙食甚差的海軍服役了十一年，更曾在不見天日的潛艇中服役過，後來又歸園田居，當上花生農夫，恐怕大家都可以想像到，他對飲食的要求並不會如何講究。

事實上，卡特夫婦的口味真的十分簡單，他們偏好南方的菜式，例如炸雞、炸魚、燒豬肋骨、乳酪碟、炒雜菜，釀鵪鶉（這也是另一位愛狩獵的總統艾森豪的鍾愛菜式）、以及各種用玉米和玉米粉所作的食譜。另外，南方常吃，以火腿骨和豬腳來作湯調味的

紅腰豆和米飯、以雜豆和花生所作的濃菜湯之類的「靈魂餐」（soul food），亦是第一家庭的日常菜色。此外，卡特對各種茄子菜式和燒維達利亞洋蔥（fried Vidalia onions）亦情有獨鍾。他倆夫婦也愛喝湯，尤其是配以三明治或自家製麵包。

卡特尤其喜歡釣魚，一旦有空，他就會到總統度假別墅「大衛營」附近的一條河去垂釣，而每次都不會空手而回。後來，才被揭發一個小祕密，原來，每次其侍從都會偷偷在他垂釣之前，在河上悄悄先放下上百條魚，讓他不會空手敗興而歸。

這位總統的生活和作息習慣，往往亦反映其花生農夫的出身。首先，他並不是柯林頓那種「愈夜愈美麗」的「夜貓子」，相反地，他早睡早起，甚至讓白宮的晚餐時間，也得為這個新主人而提早，即使晚上有娛樂，也得在十一點前結束。他每天的工作日程都很嚴格和緊湊，早上五點三十分便起床。起床後，他會先喝上一杯柳橙汁，早餐大多數是簡單的吐司和水果，到了星期日會豐富一些，他的鍾愛菜單會有鄉村式燒火腿（配以 red-eye gravy 這種廉價肉汁）、炒蛋、煎蘋果、新鮮烘焙的玉米麵包、玉米粉作的奶油粥。

偶爾卡特的早餐也會換一換口味，換成是花生醬格子鬆餅，不錯，是花生醬，看來卡特並不忘本，而且還不止這樣，在他當總統之前，白宮官方宴請場合會奉上綜合果仁

作為點心，但他當選之後，都換上清一色的花生。卡特真不愧花生農夫出身。

而「靈魂餐」是美國南方尤其是黑人的常見食譜，鹽分和熱量特別高，適合長期在戶外工作流汗特多、需要補充熱量與鹽分的勞動階層之口味，但生活在城市的中產階級一定會嫌味道太鹹。而時至今天，這種高澱粉、高脂肪、高鹽、高膽固醇、高卡路里的食譜，已經變得不合時宜，被視為不利健康，會引發高血壓、心臟病和中風等症候。

本文部分取材自亨利‧哈勒所著《白宮家庭食譜》；以及藍道所著《總統的餐桌》。

靈魂餐

是由一些價格低廉、重口味，甚至往往以「下欄」食材（切剩下不要的材料）如動物內臟、豬蹄、豬皮、豬耳、牛尾、骨頭、菜莖、菜頭等入饌的食物，並非正面的精神糧食的意思。

17 雷根：當「無甜不歡」遇上「家有惡妻」

一九八一年雷根上台，失業率高達百分之十以上，這是三〇年代經濟大蕭條以來最嚴重的經濟衰退，再加上伊朗美國大使館人質危機，讓美國的國際形象一落千丈，面對這樣的爛攤子，如何感召百姓與政府以及國家共度時艱，以及激發他們的信心，便成了其巨大挑戰。

雷根的領導風格就是：樂觀、積極、擅於與民眾溝通、愛國主義澎湃。他是美國史上唯一一位演員出身的總統。在鏡頭前的雷根，永遠帶著招牌的燦爛、開朗笑容，神采飛揚，充滿自信，他能夠向公眾以及自己的執政團隊散發一種樂觀情緒。他努力承傳那一個由羅斯福到甘迺迪一直流傳下來的傳統，就是領袖必須激發民眾對未來的信心，只有當領袖自己由衷的相信未來時，他的擁護者才會追隨他的腳步。他自己便曾說：「我真正想做到的，就是成為一個能夠恢復美國人自信心的總統，而名存後世。」他也果真做到了。

當中最經典的一幕，莫過一九八一年，雷根上任總統後不到三個月，便遭遇一名精

神有問題的男子行刺，向他開槍射擊。出事後他奮力支撐，在傳媒的鏡頭下挺起胸膛自行走進醫院，縱然子彈距離心臟只有一吋，情況緊急。

當太太南西趕到時，為了安慰太太，雷根遂向她說：「親愛的，我忘了彎身。」

（Honey, I forgot to duck. 其實這是模仿拳王傑克・登普西（Jack Dempsey）比賽中被擊倒之後，向太太說的自我解嘲，難得雷根這時候還想到，證明他真的臨危不亂。）

不僅如此，當被推進手術房時，他還談笑風生地跟醫生說：「請告訴我你們都是共和黨的。」更妙的是，醫生還答說：「總統先生，我們今天都是共和黨的！」

從此，很多人（尤其是草根階層勞動者）對他印象大為改觀，因為他現在是一位挨過一顆子彈，還能泰然自若，談笑風生的總統。一句話：「雷根有種。」

雷根就是如此喜歡說笑，被譽為「偉大的溝通大師」，擅長與民眾溝通，為人更加談笑風生，是美國史上其中一位最受民眾愛戴的總統。倘若告訴你，這樣的一位民眾「甜心」（sweet heart），最喜歡吃甜品，甚至可說是無甜不歡，相信大家並不會感到意外，甚至覺得十分匹配。

成功男人背後的女「主人」

但可惜，這樣一位揮灑自如、舉重若輕的總統背後，卻有一位人所共知的惡妻——南西，讓其「甜夢難圓」。

南西並不熱衷做好一個賢妻良母的角色，她沒有去看兒子在舞蹈團的第一次表演，以及拒絕談論女兒與人同居的消息，這些行為，都被傳媒拿來批評。更糟的是，無論公開或私下，南西都表現得比雷根嚴厲，並且疑心重重。有記者曾在雷根旁邊聽到他與太太講電話，討論一些政府人事安排，雷根不斷在說：「是的，親愛的。」這位記者從此斷定南西是幕後的掌權人。

還有，當雷根還是州長的時候，南西認為官邸不好，一家便搬了出去；她命令所有女性助手不准穿褲子，只許穿裙子；她甚至以占星書上的意見來安排雷根的工作日程；反對她的人往往要被開除。傳媒都形容她為「對雷根最有影響力的一股力量」，而她事事幕後操縱的傳言，更使其公眾形象壞透。這對雷根不無影響，例如《新共和報》便說過雷根是「怕老婆、被操縱，以及喪失理智的」。

那麼這位悍妻第一夫人，對白宮內的膳食，又有著怎樣的影響呢？

雷根的最愛是一大塊牛排，再配以通心粉和乳酪，甜品再來一道巧克力慕斯，但南

西卻像很多妻子一樣，嚴格看管丈夫的飲食和健康，而且以她的悍妻性格，只會比起普通家庭主婦看管丈夫得更緊。廚師都說，以上的菜單只有當南西不在白宮時，才能偷偷做給雷根吃，倘若被南西發現，他們定會被南西拖去槍斃。

當南西在家時，雷根只會吃鮮蝦沙拉，又或者乾脆只吃蔬菜沙拉，以及菜湯這些減肥菜單。雷根可以順從太太意思吃沙拉，但也有東西他不會妥協，那就是番茄，為的是他對此有著童年陰影。話說童年時，有人捉弄他，拿來一大袋番茄，卻告知他是蘋果，當他揀了最大的一個並一口咬下時，只感到滿口怪異和噁心。從此，七十年來，他沒有再吃過一口番茄。

事實上，雷根是美國史上最嗜甜的總統之一，他可以用菜單中任何一道菜來換取多一份甜品。在晚宴時，倘若他要發表演說，他最害怕的便是要他在吃甜品的時間演講，讓其甜品可憐的在桌上攤著。他的最愛，包括巧克力慕斯、檸檬派、巧克力餅乾，甚至很油的奶油蘋果派。只可惜，這位無甜不歡的總統，卻家有惡妻，對他健康管得甚嚴，當南西在旁時，便一定會鐵青著臉，要求他一口都不能沾。

前面提到雷根曾受槍擊，當他大難不死，留院接受治療時，為了讓他不致太過食之

無味，醫生也是建議白宮廚房為他準備兩款他喜愛的甜品，送過去，讓他驚喜一下，而不是其它菜式。這兩款甜品，就是以白酒和鮮果做的果凍，以及後來很有名的椰子雪糕。

第一夫人親手為甜點擺盤？

白宮糕點師傅羅蘭德・梅斯尼爾（Roland Mesnier）在回憶錄中回憶，南西要求所有甜點在奉客前，都得事先拿來給她試吃過。有一次，她想與朋友聚會時吃覆盆莓慕斯，於是又要求事先奉上試吃，她並特別要求擺盤要做得好看，不單要覆盆莓，更要加入奇異果、鳳梨等水果伴碟，讓這份甜品看來更五彩繽紛。但當梅斯尼爾奉上成品之後，他看到南西竟然不嫌弄髒手指，親自動手把那些水果的位置又在碟上調整了一下，來給廚師示範她心目中理想的擺盤！

又有一次，白宮為歡迎義大利首相而籌備一場國宴，南西認為甜品應以新鮮水果而非巧克力作為主題，因為巧克力熱量太高了。但梅斯尼爾卻知道這位義大利元首是一位巧克力痴，甚至口袋中永遠放了幾塊巧克力，準備隨時隨地可以拿來解饞。於是，他大著膽子，構思了一款巧克力甜品，並把樣本拿到南西面前，並準備向她解釋和建議。

不料這位第一夫人看後卻臉色大變，勃然大怒，咆哮著說：「我是唯一一個能決定

白宮晚宴應該吃些什麼的人！羅蘭德！不是你或任何人。如果我說甜品應該有巧克力，那就應該有巧克力；如果我說應該沒有，那就應該沒有。我希望自己已經說得很清楚。」

南西見梅斯尼爾被這話嚇呆了，於是唯有「補救」說：「請原諒我，我不應該如此對你說話……我知道你的建議是一個好主意，我感到十分抱歉……但是，還是不能有巧克力！」

挑剔、說話不留情面，這都還不止，南西甚至還刻薄，完全不體諒下屬。有一次即將接待外賓，梅斯尼爾把準備用來奉客的甜品先拿給總統夫婦試吃，雷根表示滿意，但南西則說白宮內的膳食和款待是她分內事，所以請丈夫不要多管閒事。待丈夫不在場之後，她才提出很多要求，這令梅斯尼爾眉頭深鎖，並說：「夫人，如今只剩下兩天，而廚房內只有我一個人（負責甜品）。」

不料，南西卻反唇相譏：「羅蘭德，你還有兩天——以及兩夜。」

南西為人就是這樣專橫、挑剔、不留情面，以至刻薄，令梅斯尼爾一度十分沮喪，情緒低落，甚至想過應否離職。

直到有一次，南西的工作人員提出，希望梅斯尼爾能悄悄為第一夫人準備一個生日蛋糕，讓她驚喜。

後來，這位糕點師傅不單準備好蛋糕，還在蛋糕鋪上糖霜的表層，別出心裁的畫上這位第一夫人的肖像。結果南西看後大受打動，為對方為此花上的功夫和時間而深深感動，從此兩人的關係才逐漸改善。

#本文部分取材自藍道所著《總統的餐桌》，以及白宮糕點師傅羅蘭德·梅斯尼爾所著的回憶錄《總統的糕點：我在白宮的二十五年》（All the Presidents' Pastries: Twenty-Five Years in the White House）。

18 老布希的「花椰菜風波」

雷根的八年實在太受國民愛戴，結果他的副總統老布希，只要蕭規曹隨，便能成功當選總統。沿著雷根奠下的外交方針，老布希便在任內結束了長達半世紀的冷戰，讓東歐共產國家陣營，一一瓦解，包括蘇聯在內，並讓東西德統一。布希更出兵伊拉克，懲罰它侵略科威特以奪取油田，結果一樣大獲全勝。於是，美國在老布希帶領下，可謂節節勝利，全球霸主的地位，隱隱然無人能敵。

但由於著重外交而忽略了內政，任內經濟低迷，失業率攀升，人民生活困苦，他又違反了自己堅決不加稅的競選承諾，遭對手柯林頓打出一句一矢中的、震撼人心之口號，就是著名的：「蠢材！經濟才是關鍵問題！」（It's Economy, Stupid!）徹底重挫，栽在一個黃毛小子身上，慘遭滑鐵盧，最終連任失敗。

儘管老布希不是一位十分成功的總統，但他和太太芭芭拉，卻是備受公眾愛戴的一對總統夫婦，兩人不單恩愛，私生活亦甚少惹起爭議，而芭芭拉也是最甘於做好一個太太、母親、祖母本分的第一夫人。

芭芭拉不會如雷根太太南西般喜歡擺布丈夫，不會如甘迺迪太太賈桂琳般愛出風頭如穿花蝴蝶，更不會如柯林頓太太希拉蕊般野心勃勃，芭芭拉說她所關心的，只是：「管好家庭，傾聽孩子們的心聲，如果孩子們的問題很重要，就告訴丈夫。」她從不會惹是生非，也不會遊說老布希或其下屬些什麼。她低調、沉默寡言。

芭芭拉喜歡闔家團圓坐在一起吃飯，有一次她發現孫女珍娜及芭芭拉沒有出現，便問媳婦小布希太太蘿拉一個究竟，後者尷尬的說不知道，最後管家才告知，兩人叫廚房給她們準備了三明治，並送了去白宮的保齡球館，芭芭拉聽後勃然大怒，從此這成了最後一次的類似事件，沒有人膽敢撇下家人，純粹為了自己尋歡作樂，而不跟家人一起吃飯。

諷刺的是，芭芭拉能管得住孫兒，卻不一定能管得住丈夫的胃口。

老布希食量很大，但卻討厭蔬菜和其它營養師會推薦的食物，反而最愛垃圾食物，如炸豬皮、玉米餅、漢堡、熱狗、爆米花、巧克力片。大家沒有看錯，正是炸豬皮！這是老布希的至愛，有朋友送禮，都會送他炸豬皮。但也有一說，就是他的至愛是爆米花。

老布希甚至到一個地步，連吃健康食物如酸乳酪和燕麥片時，都要加入奶油酥條一起吃。幸好他愛做運動，才能勉強保持得住身型。

貴為一國總統，教壞全國小朋友？

老布希尤其討厭吃花椰菜，還鬧出一次花椰菜風波。話說一天，他忍無可忍，和「空軍一號」飛機的服務員說，以後再也不想在菜單中見到花椰菜了，後來這個消息洩漏了給記者知道，還讓報章《美國新聞》（*U.S. News*）刊出了如此煽情的標題：「經過八年的忍氣吞聲後（作者按：布希當了雷根八年的副手），布希終於為自己的飲食品味贏回一仗！」結果惹來一場不大不小的風波，被人批評：「總統實在是『教壞』小朋友，你叫那些為人父母的，以後見到子女吃飯時，不肯吃花椰菜和其它蔬菜，要怎麼教導小朋友？」

稍後記者更對此窮追不捨，但布希仍選擇強硬回應：「我少時已經十分討厭花椰菜，但我的母親卻強迫我要把它吃下，到了今天我已經貴為美國總統，我是不會再吃它的了。」結果一些種植花椰菜的農夫，感到氣憤難平，發起一場活動，把一整輛貨車的花椰菜送到白宮，希望總統回心轉意。但布希卻始終沒有妥協，只委託太太芭芭拉到白宮草坪接收，並把這批蔬菜轉贈給當地的流浪者之家。可憐的第一夫人拿著一束花椰菜的模樣，便成了大家茶餘飯後八卦的照片。幸好這位第一夫人的對答還算得體，她說：「總統當然可以決定怎麼做，但美國的小朋友還是多吃些花椰菜比較好。」

結果這個由空軍一號掀起的花椰菜風波，成了接下來幾天當地政治新聞的主題，更

令人尷尬的是，不少民意調查顯示，很多美國人不知道布希的政策是什麼，但受訪民眾

卻十個有九個知道這位總統不愛吃花椰菜。

老布希無肉不歡，最愛吃牛排，例如二〇〇一年訪問香港時，他去光顧的，並

不是什麼鮑魚、魚翅、海鮮酒家，而是美國高級西餐廳莫爾頓牛排館（Morton's of

Chicago）的香港分店。這間西餐廳的分店遍布全球，但特點是裝修和陳設都相當統一，

讓客人即使身在海外，只要到此用餐，都有一種回到家裡的熟悉感覺。正如老布希當晚

表示，當天很累，所以想到這處熟悉的地方，吃些自己熟悉和喜歡的食物。

但是愛吃大塊肉，不代表為人粗心大意，這位前總統臨走前，特地走到廚房和酒吧，

與廚師、調酒師，和招呼過他的工作人員，握手致謝，表現親民。來到這個「美食天堂」，

竟然只鍾情家鄉牛排，相信原本磨拳擦掌，心想可以一展身手的一眾香港大廚，也難免

好生失望。

#本文部分取材自肯尼斯·渥許所著《滿足媒體怪獸的胃口：白宮與新聞》（Feeding the Beast:
The White House versus the Press），以及白宮糕點師傅羅蘭德·梅斯尼爾所著的回憶錄《總統
的糕點：我在白宮的二十五年》。

莫爾頓牛排館的老布希菜單

前菜：生蠔

主菜：二十四盎司的上等腰肉牛排

配菜：鮮蘆筍和焗薯

甜品：暖心巧克力餅

＊重點是，絕對不會有花椰菜。

19 — 柯林頓：被太太馴服的「食肉獸」

柯林頓被稱為美國史上IQ最高的總統之一，他甚至可以把非洲小國的政治，逐個娓娓道來，從政府首腦到內閣部長都記得一清二楚；他能過目不忘，記得多年沒有打過的電話號碼，又或者背誦出讀過的書本章節。即使是那些和他鬧翻的前助手，在批評他及其性醜聞時，都不得不承認「他頸項以上確是非常出眾」。

柯林頓的聰明才智，順理成章地表現在他的謀略上，曾經當過多位美國總統包括柯林頓幕僚的大衛‧葛根在其著作《美國總統的七門課》一書內，曾經這樣形容過柯林頓的戰術造詣：「柯林頓也是個優秀的戰術家。在政壇上，每次選戰都有很多不同的參與者，柯林頓卻能分析他們所處局勢，以及每位參選人下一步可能的動作，並經常有精闢的見解。就是根據這些分析，柯林頓從而定出對他最有利的謀略。」

亦因如此，柯林頓八年內面對一波又一波的嚴峻政治考驗，例如白水門醜聞、桃色醜聞、國會預算大戰（情況甚至僵持到聯邦政府機構因不獲國會撥款而暫時關閉）等，每次都能化險為夷，安然度過八年任期。

只可惜，政治在他手上，從此由「道」，淪落為「術」；由宏大和長遠的願景，淪落至時刻刻的計算和短線操作；由希望改變世界，淪落至但求自保。這對後來的政圈，影響至深。

柯林頓是美國第一個在戰後「嬰兒潮」出生的總統，因此，在成長過程中，他習染了大量這個經濟快速增長和高消費年代年輕人的生活習慣，包括飲食，例如唸書時，他最喜歡吃油膩煎炸食物、巧克力脆皮奶油夾心餅（Moon Pies）和花生醬香蕉片三明治這類重口味、高熱量食物。在競選總統期間，他的年輕競選團隊更以他喜歡光顧麥當勞和Dunkin' Donuts，愛吃這裡的漢堡和甜甜圈作為賣點，希望讓年輕人覺得他更親近。

在競選期間，柯林頓的一大賣點是其精明能幹的太太希拉蕊，他甚至半開玩笑的向選民說，投他票是「買一送一」（Buy one, get one free）。當選後，這位第一夫人史無前例的被丈夫委以重責，擔任醫療改革的大旗手，雖然她的改革最終功敗垂成（到了十多年後才由歐巴馬繼成），但上任之初，因為她的任務，所以這位第一夫人異常重視白宮的健康形象和訊息，白宮室內不單禁菸，而膳食亦進行了徹底的改革，由濃油厚醬的法國烹調手法，改為健康、蔬菜為主、低卡路里、清新的現代美國烹調手法。

白宮內的麵包師傅梅斯尼爾腦袋轉得便夠快，旋即把原先白宮早餐裡提供的高熱量

油膩法式牛角麵包、奶油麵包、丹麥甜酥餅，改為沒有那麼好吃但較健康的貝果。

但白宮內卻不是每位廚師都如此懂得變通，原有曾被前任第一夫人老布希太太芭芭拉點名稱讚道：「皮耶不懂怎樣煮得輕爽健康，但他懂得如何烹調美味！」這位白宮主廚，擅長法國菜的皮耶（Pierre Chambrin），旋即發現自己與白宮新主人的要求格格不入。固執的希拉蕊，甚至說過：「在未找到我們滿意的廚師之前，我們不打算宴請客人。」結果，白宮在柯林頓就任的頭十八個月內都沒有擺過國宴，直到她找到沙伊布（Walter Scheib）擔任新的白宮主廚為止。

這位廚師，懂得以新鮮，包括在白宮內自己種植的蔬菜來入饌，再配以亞洲和拉丁美洲的烹調方式，沒有法國菜那麼油膩。

沙伊布在其回憶錄中提到，第一家庭的日常膳食結構由希拉蕊所決定，主要內容是：低碳水化合物和低脂，尤其是少乳酪和奶油，另外，也幾乎戒絕紅肉，就算有，都是羊肉而非牛肉，因為希拉蕊本人較接受羊肉，最後，要求大量蔬果。兩位營養師都會對菜單提出建議。

希拉蕊是一個十分嚴謹和有計畫的人，兩夫婦每週的菜單，其實早於一個星期前已由她親自制訂和決議，並列印出來，那當然是以低熱量、低脂、健康為主，她甚至會在

菜單上計算卡路里的總數，以作警惕。午餐通常是沙拉或蔬菜湯，晚餐則除了蔬菜外，有肉和澱粉食物，如烤鰈魚柳、燻鮭魚、烤雞、低脂雞肉腸、羊排，以及米飯和義大利麵點。

但是當希拉蕊出門，尤其是遠行，柯林頓就會悄悄叫管家向廚房要求提供一些不在菜單上（off the menu）的食物，如牛排和洋蔥圈當作晚餐。沙伊布打趣說，他們慢慢習慣了這一套，所以總會留意希拉蕊哪時出門，在那些日子裡，他們就會確保廚房內備有足夠的牛排、碎牛肉、洋蔥、馬鈴薯、玉米片、辣肉醬等。

白宮糕點師傅梅斯尼爾亦回憶，有一次，那是柯林頓夫婦在白宮內為其心腹卡威爾（James Carville）結婚設宴的婚禮派對，結婚大蛋糕有整整三層，分別是香草、巧克力和咖啡（這是希拉蕊所喜愛的）。但當在座賓客都在享用美味的結婚蛋糕時，柯林頓卻只能如常地吃另一碟為他準備好的蛋糕，那就是一份胡蘿蔔蛋糕，沒有奶油，更沒有巧克力的胡蘿蔔蛋糕。

當梅斯尼爾忙碌地切蛋糕，分成一碟又一碟時，他忽然發現柯林頓悄悄拿走大大的一塊巧克力味蛋糕，梅斯尼爾急忙阻止他，不料柯林頓卻突然振振有詞的說：「我是總統，我想吃什麼就吃什麼。」當梅斯尼爾嘗試進一步解釋時，他再說：「我知道我在吃

巧克力，羅蘭德，就是如此，但也只有今天，明天就會不一樣。」

看完之前的文章，相信大家都明白，後來的柯林頓，基於醫生及尤其是希拉蕊的壓力，已經少吃垃圾食物和紅肉，而多吃海鮮了。

一九九七年，柯林頓訪問中國後，順道訪港，由董建華太太這位第一夫人定案，由萬豪酒店主理「總統套餐」。為免客人不悅，想必董太太也老早打聽情報，結果也真的弄了一頓海鮮宴出來，甜品也沒有使用奶油和巧克力。

#本文部分取材自大衛・葛根所著的《美國總統的七門課》；白宮主廚沙伊布所著的回憶錄《白宮主廚》（White House Chef），以及白宮糕點師傅羅蘭德・梅斯尼爾所著的回憶錄《總統的糕點：我在白宮的二十五年》。

柯林頓訪港的萬豪酒店「總統套餐」

薑蔥龍蝦球

鵲巢豉汁蘆筍帶子

焗釀蟹蓋

紅燒蟹黃翅

福建炒飯

薑汁豆腐花

葡式蛋塔

＊據說，柯林頓當日對這頓海鮮宴，十分欣賞，吃得一口不剩。香港廚師也算爭了一口氣吧！

雀兒喜的白宮烹飪證書

每個留學生離鄉背井，負笈到外地求學，都曾為一日三餐而傷腦筋。

以往在家裡三餐都可倚靠母親，飯來張口，吃完飯後甚至碗碟也不用洗，便可一走了之。一旦到了異鄉，沒有母親可倚靠，餐餐到外面吃又實在太花錢，根本負擔不起，要吃些好的，不能總是啃乾糧、麵包、超市微波爐即食食物，唯有自己煮，學會自己照顧自己。

因此很多留學生，都要學會煮幾道拿手菜。我記得前香港行政長官梁振英在競選時，便上過有線電視的烹飪節目，說出自己當年留學英國的經歷，當時他當然也沒有錢上餐廳，於是也是唯有自己煮。他更在節目中即席示範了自己當年留學時的一道拿手好菜，那就是胡蘿蔔西洋芹炆牛肋條，他說當時貪圖這道菜方便，一煮就是一大鍋，接著一星期，每餐都可以舀一些出來配飯，不用每餐都要大費周章，而且這道菜放得愈久愈入味。

其實類似的紅酒燴牛肉，一樣是筆者的拿手好菜。我會以乾蔥、洋蔥先把大塊的牛肉在鍋內爆香，之後倒進煲裡，再加入醬油、胡椒、糖、檸檬皮屑來調味，之後放入去

皮番茄和紅酒來作醬汁，並且加入胡蘿蔔一起慢火去炆，到最後便是一煲口味濃郁的紅酒燴牛肉。我最愛以那一大窩醬汁來澆飯，或和著義大利麵吃，更認為這才是精華所在。這味菜做好之後，可以一吃便是幾天，十分方便有效率。

寫了幾位美國總統，不妨又寫寫美國第一千金，主角是柯林頓夫婦的女兒雀兒喜（Chelsea），有關她為了出外唸書而學習下廚的故事。

白宮主廚沙伊布對這位第一千金，評價可謂頗為正面，說她待人有禮，懂得尊重其他人。

他在回憶錄裡提及，她時常會找些閨中密友回白宮過夜，徹夜談心。到了夜間肚餓，她會親自走到廚房，面帶歉意的向他說：「沃爾特，如果不太麻煩的話，你可否為我們弄些東西吃？」沙伊布說當然可以，這是他的職責，並問她需要吃些什麼。這時雀兒喜露出可愛的一面，說她們其實並不太餓，有些酸乳酪、水果便可以，如果有煙燻鮭魚當然就更好，但倘若再加班尼迪克蛋便實在太美妙了……沙伊布不禁露出會心微笑。

在第一家庭一家人中，雀兒喜是最願意花時間留在白宮廚房的一個，她對烹飪顯得好奇。她更愛與閨中密友一起烘焙餅乾，每次沙伊布都為她準備好材料，以及寫下做法和祕方。

第一千金的白宮素食烹飪課

當雀兒喜十七歲時，有一天，希拉蕊特地走進廚房，跟沙伊布說：「雀兒喜將在秋季進入史丹福大學，但她不懂得烹飪，而我們又不想她每餐都叫外賣，或者進餐廳，我們想她能為自己做飯，你介不介意教教她呢？」

沙伊布說自己對這位第一千金一向印象不錯，尤其覺得她學會自己照顧自己是一件好事，所以覺得義不容辭。但問題是這也有一定難度，因為這時雀兒喜已經成了一個百分百的素食主義者，比其母親要吃得更加健康。而素食並不是這位廚師的專長，於是他得回去補一補課，找些書籍和食譜鑽研一下。他還從印度、日本、東南亞的料理中吸收靈感和技巧。

在七月中，開學前一個多月，烹飪課程開始了，雀兒喜找來一位姊妹一起上課，一個星期兩至三堂課，每堂由下午一點至四點，或兩點至五點。她們由最基礎的步驟開始，像如何使用刀子，到如何採買食材，尤其是蔬果，以及如何判別新鮮度，再到如何用豆腐和大豆食品來取代肉類。之後，沙伊布又教她們刀法，切片、切粒、切條，再教如何起鍋，到如何調味等等。

最初他教的是如何做湯和做沙拉，後來，除了這兩類之外，雀兒喜還學會做更複雜

的菜式，例如蔬菜義大利披薩，如果雀兒喜當日做的菜還不錯的話，他們會把菜留到晚上，作為第一家庭的晚餐。她還會像侍應般，向柯林頓夫婦喊出這道菜式的名稱，以及介紹這道菜式。

最後，當雀兒喜要出發前往加州開學時，他們為她舉辦了一個畢業儀式，向她頒發了一張「白宮烹飪課程」的證書，還讓她穿上廚師服，戴上廚師帽，正正式式的拍照留念。

#本文取材自白宮主廚沙伊布所著的回憶錄《白宮主廚》。

21 小布希：不用急，但要快

小布希以智商平平見稱（這是比較厚道的說法），讀大學時只曉得搞 party（對不起，是舞會，不是政黨！）後來浪子回頭，踏上家族為他鋪排的從政之路，先當父親老布希的助手，後來親自披甲上陣，最後在一片爭議聲中，險勝柯林頓的副手高爾，入主白宮，為當年連任失敗，被柯林頓擊敗的父親，報了一箭之仇。

來自德州的小布希，被稱為「牛仔總統」，世界觀非黑即白，正邪誓不兩立，更是一個強硬派。任內發生了「九一一」事件，讓他出兵阿富汗，後來又以藏有「強大殺傷力武器」為由，再出兵伊拉克，誓言除去這個「邪惡軸心」（Axis of Evil），可謂窮兵黷武。

但隨著伊拉克局勢陷於膠著，美軍死傷數目不斷增加，又找不到巨大殺傷力武器；再加上美國經濟持續不振，油價高漲，失業率攀升，不少人起初對小布希謀求連任並不樂觀，但他的幕僚卻兵行險著，反守為攻，選擇道德及倫常議題，例如同性戀婚姻、幹細胞研究，以及墮胎問題等作為選舉議題，讓他成為一個宗教及道德價值的守護者，結

果成功穩住了教徒和保守選票，連任成功。

小布希這位來自德州的「牛仔」，被譽為最易伺候的一位總統，端上什麼菜，他就吃什麼，既不挑剔，也不抱怨。

事實上，小布希夫婦以及柯林頓夫婦，這兩對總統夫婦，除了白宮膳食都是由第一夫人決定這一點之外，口味和要求可謂南轅北轍。

英雄無用武之地

首先，小布希夫婦吃東西並不講究，他們並不是柯林頓夫婦那種，愛在味覺上不斷追求新鮮和滿足感的美國新中產階級，而是老派南方人。所以，在小布希的年代，白宮廚房往往可以長期端上大同小異的菜式，他們都甘之如飴，不像柯林頓年代那般，廚房要不斷傷腦筋，翻新花樣。舉個例，有一次廚房端上簡單的薄荷青豆湯，得到小布希夫婦兩人好評，從此便成了菜單上的台柱。

白宮主廚沙伊布說，希拉蕊視他為味覺上的「老師」，帶領她進入一個味覺之旅，不斷創新；相反，布希太太蘿拉，則完全無意被人「教化」，她的口味老早已經定型，亦打算繼續依然故我，不會因旁人而改變。

其次，比起柯林頓夫婦的新派美國口味，小布希夫婦的口味也更加傳統，更加接近美國家常，被稱為最喜歡「鄉村俱樂部食物」（country club food），即保守、傳統、菜式簡單和少修飾的食物，與柯林頓夫婦那種追求時尚和賞心悅目的菜式，可謂截然不同。

布希太太蘿拉，最討厭的就是花巧和賣弄。這就是典型美國南方人的傳統、保守作風和視野，更完全反映在他們的飲食之上。

但對於廚房來說，這無疑是一種倒退，讓他們變得「英雄無用武之地」，每天的工作由充滿挑戰，變得缺乏勁道，只需要做一些傳統口味的簡單食物便可以。

沙伊布甚至說，他常常被叫去做一些番茄凍糕和水煮鮭魚之類的菜式，這都是他離開烹飪學校後差不多從來沒有再煮過的ABC菜式，甚至是「史前」菜式，但作為一個專業的廚師，他說他始終會照樣努力去做，以求「顧客」開心。

小布希的午餐，偶爾會喜歡吃吃漢堡，但更多時候，一份BLT三明治——培根（Bacon）、生菜（Lettuce）和番茄（Tomato）——便可以，甚至是花生醬蜜糖三明治、烤乳酪三明治都可以，而後者的乳酪甚至可以只是一片卡夫（Kraft）切片乳酪而已。

那麼，小布希對其午餐最常吃的BLT，又有何特別要求呢？那倒是有的，但卻不算是太難服侍，包括：要把吐司烘烤過、塗上由蛋黃醬和芥末醬調製而成的醬料（就算

他吃烤乳酪三明治時，他也喜歡加上類似的醬料），及以 Lay's 牌子的洋芋片作配菜（Side dish）。而為了健康一點，廚師是用烤爐把培根烤脆，而非以平底鍋以油把培根煎香。

其實，小布希對吃只有一個要求，那就是要快，他最憎恨等待，所以一旦入座後，便希望食物同一時刻立即端上，不要耽擱他一分一秒。

沙伊布說永遠記得，有一次，侍應長沃特斯（Gary Walters）氣急敗壞的衝進廚房，說總統和嘉賓已經就座：「快把食物端出去！快把食物端出去！」

沙伊布說：「難道你不想食物弄得好看一些和新鮮熱辣？」

這位侍應長沒那麼好氣的說：「不！我只想讓食物上桌！」

沙伊布說對方絕對不是開玩笑。

不單要上菜快，小布希自己也吃得一樣快，沙伊布計算過，菜由從廚房端出去，到把空盤收回來，通常不會超過十二分鐘。

對於小布希來說，吃，不是為了享受，只是填飽肚子而已。

雖然小布希還是有最愛的食物，那就是他老家德州以及墨西哥風味的家鄉食品，就像德州烤肉，或者墨西哥玉米捲餅（Burrito）之類。

本文取材自白宮主廚沙伊布所著的回憶錄《白宮主廚》。

22 — 歐巴馬的「漢堡外交」

前文提到，最討厭吃花椰菜的總統，恐怕要算是老布希，那麼有沒有哪位總統相反，喜歡吃花椰菜的呢？

起碼，公開聲稱自己喜歡吃花椰菜的有一個，那就是歐巴馬。

二○一三年七月九日，當一個小童問歐巴馬最喜愛吃什麼食物的時候，這位總統答說是花椰菜。

但原來，歐巴馬說自己喜歡吃花椰菜的那個場合，是在白宮舉行的一個兒童廚神健康食譜頒獎典禮，這是第一夫人蜜雪兒（Michelle）推動的反肥胖運動的一部分。

歐巴馬為了哄孩子開心，於是答允回答他們兩個問題，而其中一位小朋友，就問了他喜歡吃什麼。

這位第一夫人選擇了為美國校園內的「反肥胖」和「健康飲食」運動，擔任宣傳大使，作為自己的角色定位，所以她一直宣傳胡蘿蔔等蔬果健康飲食。因此，在這樣的一個場合，難道歐巴馬還可以清心直說，說自己喜歡吃漢堡，公然拆第一夫人的台嗎？試

問這時，不答花椰菜、胡蘿蔔之類健康蔬菜，還可以答什麼？

事實上，這位總統實在十分懂得恭維自己的夫人。

記得另外一次，那是二〇一四年三月十九日晚間，當時蜜雪兒去訪中國，而歐巴馬自己則留在國內。在當晚艾倫・狄珍妮（Ellen DeGeneres）主持的脫口秀電視節目中，歐巴馬通過 Skype 影音現身，分享了自己的家庭生活和日常工作，做做親民表演。

節目一開始，這位女主持打趣告訴觀眾，自己有個叫蜜雪兒的朋友出城了，委託她問問獨自在家的丈夫情況如何。接著她說：「蜜雪兒的丈夫，你在嗎？」這時大螢幕上出現了端坐在白宮中的歐巴馬，並向觀眾打了招呼，引起現場觀眾一陣騷動、驚呼和歡呼。主持人說：「蜜雪兒想知道，你早上有沒有疊被子？」歐巴馬說：「答案是沒有。」她遠行之後，家裡變得有點邋遢，到處是襪子，還有鞋。」主持人再問：「那你今天吃飯了沒有？有沒有運動？」歐巴馬答說：「我運動了，吃得很健康，吃了胡蘿蔔，再配洋芋片。」

歐巴馬不忘要提提太太力推的胡蘿蔔，實在十分識趣，亦反映，恐怕這是太太一直在督促他吃的健康食物。

所以，歐巴馬是否真的十分喜歡吃花椰菜和胡蘿蔔，相信大家心裡有數。

其實，眾所周知，歐巴馬最愛的食物是漢堡，就算他貴為總統之後，仍舊自行步行到白宮附近的漢堡店，與普通老百姓一樣，一起排隊買漢堡，並且自掏腰包買單。吃完後，還會在店裡的零錢罐放入諸如五美元的小費。他也試過與副總統拜登一同光顧，各有所愛；也曾一次買過十多個漢堡，一共兩大袋漢堡外賣，為自己的工作人員買午餐。

除了漢堡之外，歐巴馬也喜歡熱狗和夏威夷式披薩，他也嗜辣，喜歡辣肉醬，甚至會在家親自下廚煮辣肉醬，據他女兒透露，這是他在家裡唯一會煮的食物。因此，並不意外，歐巴馬亦喜歡吃香辣的墨西哥菜。

國民食物再次站上國際政治舞台

上世紀三〇年代，美國總統羅斯福，以「熱狗外交」，締結了一段外交奇緣。想不到七十一年後，另一位美國總統歐巴馬，又照樣來了一次「漢堡外交」，成為國際外交舞台上的一次熱烈話題。

話說二〇一〇年六月二十四日，歐巴馬與到訪的俄羅斯總統梅德韋傑夫舉行會談，當天中午，這位美國總統沒有在白宮設宴招待貴賓，而是將這位當時的俄羅斯總統拉到外面，不過他們去的並不是什麼豪華酒店、米其林餐廳，吃的也不是什麼山珍海味，而

是一家平民小店，一家稱作 Ray's Hell 的漢堡店。

歐巴馬點了一個漢堡，再加上巧達乳酪、洋蔥、番茄、萵苣、醃黃瓜，以及一瓶紅茶；至於梅德韋傑夫，也是點了一個漢堡，再加上巧達乳酪、洋蔥、蘑菇、墨西哥辣椒，以及一瓶可樂，兩人還分享了一份薯條（相當節儉）。兩位總統都脫去西裝，身著白色襯衣，歐巴馬習慣性地捲起袖子，擺出一副大快朵頤的樣子；梅德韋傑夫則保持俄式紳士的風度，沒有捲起袖子。兩人相向而坐，一邊啃漢堡，一邊借助旁邊的翻譯談笑。最後由歐巴馬「慷慨」結帳。

雖然據稱這是歐巴馬十分喜歡的一家餐廳，前年他便和副總統拜登來過這家漢堡店用餐，也有政治評論說，歐巴馬是想借此向對方表達「我並不把你當外人」的意思。法新社的評論，更說歐巴馬是要利用這場「漢堡外交」，來表明兩國關係已經開始回暖，但不少網民的第一個反應卻是：這是否太寒酸了點？是否怠慢了貴客？又甚至，這是否要奚落對方？

讓情況更為複雜的是，明眼人都見到，普京和梅德韋傑夫這對難兄難弟，當時正為下屆總統寶座而明爭暗鬥，難保俄國國內好事之徒，又或者為兩人鳴鑼開道之輩，不會拿這兩位先後以俄羅斯總統身分訪美的政治領袖，其在美國所受的禮遇作比較，評論誰

的江湖地位夠分量，誰才可以壓得住場子。

所以，歐巴馬的不拘小節，隨時會惹來政治上的後遺症，遭人炒作，被五花八門的解讀。

上回羅斯福是熱狗和啤酒，這回歐巴馬則是漢堡和可樂，一位是英皇，另一位是俄羅斯總統，美國人是否實在有點無可救藥，讓人哭笑不得呢？

23 蜜雪兒的「胡蘿蔔狗」

美國人身材的肥胖問題一向十分嚴重，尤其是黑人及草根階層，不少家庭因為父母知識有限，也因為受黑人傳統飲食方式影響，或因為受制於伙食預算所限，於是只會給孩子準備一些廉價、高脂、高糖、高鹽的伙食，包括大量垃圾食品，造成嚴重肥胖問題。

早於二〇〇五年，英國著名年輕型男名廚傑米・奧利佛（Jamie Oliver），為了改善當地學童的肥胖情況，親自為學童設計菜單，摒棄垃圾食物和快餐，引入健康飲食如蔬果等，更發起一場運動，推動校園改善伙食營養品質。他甚至為此主持了一個電視烹飪節目「校園主廚奧利佛」（Jamie's School Dinners），倡導不同的健康食譜。節目獲得好口碑和成功，於是後來再延伸出另一電視節目「奧利佛校園再出擊」（Jamie's Return to School Dinners），甚至美國版的「奧利佛美國飲食大革命」（Jamie Oliver's Food Revolution）。

這場運動引起了公眾關注有關問題，甚至英國的布萊爾政府也不敢怠慢，為此在三年內花上兩億八千萬英鎊去幫助校園改善午餐。奧利佛甚至因此被英國公共廣播電視台

Channel 4，選為二〇〇五年年度最具啟發性政治人物，連柯林頓訪英，都指定要見奧利佛，但卻遭他婉拒。奧利佛的風頭可說是一時無人能出其右。

美國第一夫人蜜雪兒，可能也受到這個運動啟發，在歐巴馬當選總統之後，她亦致力在美國校園內推動「反肥胖」和「健康飲食」運動，甚至擔任宣傳大使。事實上，傑米・奧利佛以及蜜雪兒・歐巴馬，已經成了這場飲食革命中最耀目的雙星。

推動真食物革命的第一夫人

蜜雪兒發動了一場稱為「Let's Move!」的運動，立志要在校園內為學童提供健康飲食，並鼓勵學童多做運動，讓他們遠離肥胖，長成一個健康、體重適中的美國公民。

在蜜雪兒倡議之下，不少學校已把校內販賣機的食品，由洋芋片和巧克力等，換成胡蘿蔔和蘋果，學校的菜單也改得更低脂、低糖、低鹽，以及更健康。

當然蜜雪兒不像奧利佛，並非專業廚師，不會上電視主持烹飪節目，每星期示範烹製一道不同的健康菜式，但她卻也策動了一個稱為「讓廚師走進校園」（Chefs Move to Schools）的行動，讓近二千名廚師志工到校園教導學童和工作人員如何煮一些簡單、方便、健康的食物。

其實，蜜雪兒也有自己的「殺手鐧」菜式，那就是方便易煮的「胡蘿蔔狗」（carrot dog）！她推薦這是理想的校園午餐之選。

所謂「胡蘿蔔狗」，就是用來取代「熱狗」之選，那就是把夾在麵包中的那根肉腸，換成了一根胡蘿蔔！為了讓味道好一些，再夾入醃酸黃瓜片、洋蔥末、芹菜末，醬料則是鷹嘴豆泥醬，從中可見，胡蘿蔔狗的材料盡是蔬菜。

這是蜜雪兒所力推的「Let's Move!」運動的一部分，她說：「成長的孩子需要合適的卡路里和營養，才能活得健康。是時候讓我們的孩子吃得更健康，美好的未來，需要美好的膳食，而『胡蘿蔔狗』就是我們所需要的答案。」

蜜雪兒甚至連搭配「胡蘿蔔狗」的飲品都為莘莘學子想好，那就是「胡蘿蔔檸檬汁」！天啊！又是胡蘿蔔！

首先，以滾水把胡蘿蔔煮軟，再以攪拌機把它攪拌成泥，再加入檸檬汁、糖和水，再次攪拌，就完成了這款健康飲料。要更健康，可以索性連糖也不加。

但請恕我膚淺和政治不正確，午餐要啃「胡蘿蔔狗」，真是想起都想死！

川普：讓美國再次盡情的吃

如果要數戰後美國最「政治不正確」的總統，一定非川普莫屬，就連詹森這位戰後最粗鄙的總統，也望塵莫及。川普敵視穆斯林、新移民、環保人士、自由貿易，以至傳媒，他又歧視女姓，甚至牽涉性騷擾，對鄰國以至盟國都不友善，更懶理自己種種利益衝突。以往，大家小心謹慎盡量避免觸及的政治不正確禁忌，他卻肆無忌憚地一一破戒。

但你就是拿他沒法，他就是挾著美國社會對全球化和政治正確的民情反撲而上位，也就是那種所謂「白種怒漢」，又得益於選舉制度的缺憾，結果，雖然輸了「普選票」，但卻贏了「選舉人票」，爆冷當選，大家只能徒呼奈何。

這樣一位政治不正確的總統，究竟他的飲食習慣又如何？答案是貫徹始終的政治不正確。

正如本書前面章節談及，歐巴馬太太蜜雪兒，是美國校園內健康飲食運動的宣傳大使，她甚至全力推薦「胡蘿蔔狗」（carrot dog）作為理想的校園午餐之選，所以歐巴馬常常因為太太，而要多吃花椰菜和胡蘿蔔，並公開和高調說自己喜歡吃花椰菜，雖然實

情上他喜歡吃的卻是漢堡。

至於希拉蕊，亦推崇健康、蔬菜為主、低卡路里、清新的現代美國烹調手法。在她當第一夫人的那個年代，白宮內第一家庭的日常膳食結構，亦變為低澱粉和低脂，尤其是少牛油、乳酪、奶油，另外，更差不多戒絕紅肉，而吃大量蔬果。

歐巴馬和希拉蕊，一個是川普要把其施政「推倒重來」的對象，而另一個則是他競選時的死對頭，那麼彼此的飲食習慣又有何異同？答案是一樣天差地別。其實，只要看看川普腹大便便，以及歐巴馬鋼條身型，便不難估到。

川普日常喜歡吃的，就是被批評為「垃圾食物」的速食，縱使他是個腰纏萬貫的超級富豪。他的幕僚透露，川普的日常「開餐三寶」是肯德基（售的是炸雞）、麥當勞（售的是漢堡）、及達美樂（售的是披薩），尤愛大麥克（Big Macs）。但他始終不脫富豪本色，當坐私人飛機時，大麥克會盛於銀盤上供他享用。當他入主白宮後，他確是有了一些改變，少了吃速食，而多了吃牛排和馬鈴薯，吃得正經一點。

不錯，川普愛吃紅肉，尤其是大大塊的牛排，且愛全熟的，也愛吃培根。至於蔬菜，就算吃，也不是把它當作主菜，如一大盤沙拉，而是充當牛排的配菜。

川普愛吃牛肉到一個地步，可說是各國政府皆知，在他二〇一七年上任後的亞洲五

國之行，日本、韓國、中國、菲律賓四國都投其所好，以上等牛肉再加入地道特色烹製來作款待，唯有越南例外。

先說第一站日本，他們先來一頓漢堡午餐，到了晚餐再來一頓鐵板燒，最後在國宴又奉上和牛牛蒡卷；至於第二站韓國，則在國宴奉上韓式烤牛筋骨，配以一六五七年釀造的珍貴陳年醬油入饌；到了中國，則在國宴奉上番茄牛肉；至於最後一站的菲律賓，則在歡迎晚宴（非國宴）奉上以當地最常用的柑桔醬油醃製的烤美國安格斯牛肉。

至於零食方面，不愛吃水果，卻愛吃 Lay's 這個牌子的原味洋芋片，也愛吃我覺得「超甜」的 Oreo，但當這間巧克力圓餅乾生產商搬到墨西哥設廠生產時，因為打爛美國人飯碗，他竟從此杯葛。

川普的唯一妥協，就是喝可樂時轉喝健怡可樂（Diet Coke），但卻仍是由早喝到晚，當作是水一般來喝，且當他感到挫折或不開心時，他會改回喝含糖的原裝版本。

看到這裡，大家不難發現，川普的飲食習慣和喜好，接近老一輩美國人，高脂低纖，但求一飽口腹之慾，與現今講求健康、事事節制的新一輩美國人，顯著不同。選舉時他的選票來源亦一樣。

川普的選舉口號是「讓美國再次強大！」（Make America Strong Again!），或許「垃

圾食物」製造商可以找他作代言人，並用上宣傳口號「讓美國再次盡情的吃！」（Let America Eat Again!），鼓勵美國人再次放膽、盡情的吃。

#本文部分參考自美國NBC電視台新聞網頁的報導「川普一〇一：他絕不是個健康迷」（Trump 101: He Is Definitely Not a Health Nut）。

25 — 鐵娘子的減肥菜單

如果要數英國戰後影響最深遠的是哪一位首相？答案不是邱吉爾，他雖然屢屢在二十世紀最偉大的英國首相之類的民調中領先，而他也在一九五一到五五年再次拜相，但其實當時他的政績卻乏善可陳，他對英國的貢獻，主要是於二次大戰帶領國家民族奮勇抗敵，在國運最風雨飄搖時，讓社稷不至於落入納粹魔掌。換句話說，這不能算進戰後那一本帳。

在二〇一〇年里茲大學（University of Leeds）訪問一百零六位英國政治和歷史學者的調查中，英國戰後的首位首相，工黨的艾德禮（Clement Attlee），保守黨的鐵娘子（Iron Lady）柴契爾夫人便分占第一、二位，而在二〇〇四年同樣由里茲大學所做的類似學者調查中，艾德禮同樣壓過鐵娘子，而且更是第一位與第四位的差距。而恰巧這兩位風雲人物的功過，是要拿來一併討論才好理解的。

英國戰後百廢待興，選民卻在一九四五年的大選放棄了雖是戰爭英雄，但嫌剛愎自用的邱吉爾。畢竟在艱苦的戰爭中，全國上下每一個人都為國家民族做出了無私的奉獻，

於是在戰後重建和休養生息時，講求的理應是和衷共濟，讓每一個人都能夠分享成果，而工黨那一套權利義務並重、同志間互信互愛的倫理，恰巧最能迎合新時代的需求。

在艾德禮的帶領下，社會建立了三點的共識，並進行了相關的改革，包括：一、維持穩定以及充分的就業；二、福利主義國家，例如政府向失業和貧窮人士提供社會救濟，以及以政府補貼的全民保險為基礎，向全民提供免費醫療照顧；三、混合式經濟，在市場經濟之上，把大量與國計民生有關的企業國有化，如煤炭、石油、電力、鐵路、航空和鋼鐵。

這三項可謂環環相扣，例如國企提供「鐵飯碗」，這是穩定和充分就業的一大支柱，而除了高稅率以外，把大量企業和其盈利國有化，也是政府提供福利的重要財政來源。

在艾德禮的領導下，社會的貧富懸殊大幅改善，英國邁向一個更為平等、和諧的社會。這就是艾德禮的影響，也就是所謂的「戰後共識」，或稱之為「社會民主共識」。

此一共識在戰後獲得兩大黨廣泛認同了近三十載。

但凡事有利必有弊，有始必有終，「戰後共識」的巨大代價，三十年後暴露無遺。國營讓企業失卻效率和競爭力，福利主義讓政府負擔沉重，工會過分坐大讓政府和企業縛手縛腳。這些症候都在一九七八至七九年的所謂「不滿之冬」（Winter of

Discontent），來個總爆發。為了避免進一步刺激業已十分嚴重的通膨，執政工黨政府不時得把公營部門的加薪率控制在五%以下，這被工會視為破壞彼此間一直存在的「社會契約」，因而發動大規模罷工抗議，工黨政府因為公營部門發動此起彼落的罷工行動而疲於奔命，暈頭轉向。罷工引發停電、交通癱瘓、街道上垃圾堆積如山，甚至出現棺材無人下葬、醫院減收急症病人等場面，再加上這是十六年來最嚴寒的一個冬天，不單讓這個冬天變得格外淒涼，亦使得經濟進一步雪上加霜、奄奄一息。

二十世紀唯一以其名冠上「主義」的首相

時勢造英雄，「不滿之冬」帶來人心思變，柴契爾夫人趁勢而起，帶領保守黨在一九七九年大選勝出。上台後，她緊抱「小政府」的方針，推行國企私有化、減稅以刺激投資、讓市場主導經濟、收緊貨幣供應、削減社會福利、把公共房屋出售給原先的租戶、打擊工會勢力，悍然結束實行了三十年的「戰後共識」。

史家和學者更把其治理哲學稱之為「柴契爾主義」，她是二十世紀唯一一個以其名字冠上「主義」的首相，即使是邱吉爾也沒有這樣的殊榮，顯示其治理哲學影響深遠，到了之後的首相約翰・梅傑、布萊爾、戈登・布朗和卡麥隆，沒有一個敢明顯反

其道而行。二〇〇二年，布萊爾的左右手，執政工黨政府重臣彼得‧曼德爾森（Peter Mandelson），更毫不忌諱的公然說：「到了今天我們每一個都是柴契爾主義者了。」（We are all Thatcherites now.）

十年河東，十年河西，艾德禮和柴契爾夫人就是如此各領風騷，不單改造了自己的政黨，也影響了對手的政黨。

當然，戰後三十年的共識，一定是盤根錯節，根深柢固，因此，鐵娘子從政生涯亦可謂烽煙不斷，火頭處處。早於一九七〇年她擔任教育和科學大臣時，便試過因大幅削減教育資助，甚至取消對七歲到十一歲孩子每天免費供應牛奶的津貼，惹來群情激憤，指責她為「牛奶掠奪者」，甚至「反動的野蠻女人」、「虛偽的吝嗇鬼」、「食人的魔鬼」等，一個自稱為「憤怒大隊」的組織揚言要綁架她，以至她家裡不得不配置了一隊警衛。

到了她擔任首相後，當然更加變本加厲，例如一九八四年當她要鐵腕整頓虧本的煤礦工場時，更惹來曠日持久的煤礦工人大罷工，甚至爆發嚴重騷動，警方共逮捕了高達一萬一千三百人，衝突造成九人喪生，其中三名是未成年的少年。

面對如此強大的反彈，柴契爾夫人毫不妥協，反而表現強悍，一派鐵娘子的本色。

她說：「如果你想讓自己討喜，面面俱到，那你將要準備時時刻刻做出妥協，最終一事

無成。」（If you just set out to be liked, you will be prepared to compromise on anything at anytime, and would achieve nothing.）

「我不是一個謀求共識的政治家，而是一個有信仰的政治家。」（I am not a consensus politician. I'm a conviction politician.）

她不怕惹起爭議，更不怕別人批評，她說：「我愛爭論，我愛辯論，我不期望別人只是坐在這裡來同意我，畢竟這並不是他們的工作。」（I love argument. I love debate. I don't expect anyone just to sit there and agree with me -- that's not their job.）

柴契爾夫人就是如此強悍、毫不妥協，「鐵娘子本色」不單體現在其政治信仰、所言所行上，甚至體現在其形象上，包括服飾、髮型、聲線，甚至其身段。

話說早年，亦即是六〇年代當柴契爾夫人剛剛當上國會議員時，她的聲音還是十分稚嫩，聽起來頗為尖銳，但一段時間後，人們逐漸察覺，她的聲音慢慢變得低沉得多。當然，隨著年歲漸長，人的聲音變得低沉，本也是很自然的趨勢，但專家卻指出，柴契爾夫人的變化，卻明顯太快，受過專門訓練的斧鑿痕跡太明顯。她應該是自己也察覺到，這樣的尖銳高音不利她仕途上更上一層樓；相反，低沉、甚至有點沙啞的聲音，聽來卻

順耳、有感染力，以至性感得多，於是傳聞她找人作過專門特訓。但儘管如此，在一些激動或放鬆自己的場合，她還是很容易露出馬腳，讓其尖聲自然流露出來，《身體語言的祕密》（*The Secret of Body Language*）紀錄片，便就此做過特別的剖析。

研究指出，女性的聲音，是會尤其影響到男性腦中有關感情的部分，因此這也是女性從政時，尤其要注意到的。尖聲讓人聽得不舒服，而且聽來傲慢，音調愈高，愈顯得咄咄逼人，有損親和力，也讓人覺得不可靠，這些都不利建立作為領袖所需的形象，甚至讓人反感。因此，作為一個領袖，聲調要沉穩，不要尖銳；語速更要不徐不疾，切忌如機關槍般連珠炮發射。

打造從裡到外的鋼鐵形象

事實上，在好萊塢巨星梅麗史翠普（Meryl Streep）所主演的《鐵娘子：堅固柔情》（*Iron Lady*）一片中，便有如此一幕，兩位專家教導柴契爾夫人如何改變形象，好讓自己更加看似一位領袖，仕途可以更上一層樓，當中便提到，她一定要改變其聲調。除此之外，他們也建議她要放棄自己穿戴的帽子和珍珠項鍊，結果鐵娘子選擇了在帽子上妥協，但卻在珍珠項鍊上繼續堅持。片中沒有交待原因，實情是因為這珍珠項鍊是她丈夫

丹尼斯在一九五三年，當她誕下雙胞胎孩子時，送給她的，別具紀念價值。

除了聲音之外，柴契爾夫人還下了不少功夫在自己的衣著、髮型，以及身段上，悉心為自己打造一身「鐵娘子」的形象。

由《金融時報》時裝記者羅布‧楊（Robb Young）所著的《權威穿著：第一夫人、女性政客與時尚》（Power Dressing: First Ladies, Women Politicians and Fashion）一書，便將這位鐵娘子當成個案分析，並說這甚至為往後的女性從政者，建立了一個經典的穿衣樣板。

概括來說，鐵娘子建立了一種獨特的「權威穿著」，「註冊商標」包括：大墊肩的西裝外套、鍾愛藍色與鋼灰色外衣、珍珠項鍊、手提包、胸針、大耳環、高跟鞋以及獨特的髮型。

柴契爾夫人愛穿大墊肩的西裝外套，讓她看起來像穿上一套戰士盔甲。時裝設計師亞力珊德（Hilary Alexander），在其於二〇〇八年四月十六日發表的一篇文章〈引領權威穿著的女人〉（The woman who pioneered power-dressing）中，甚至把墊肩形容為「力量的肩膀」。文中引述時裝設計師亞伯拉罕（Marianne Abrahams）提到，她這位顧客對於自己衣著的縫紉和剪裁，一向甚有主見，例如對墊肩的剪裁便很執著。

捨棄掉帽子，柴契爾夫人取而代之的，是她那「註冊商標」，矚目的鼓脹式髮型。

鐵娘子把頭髮燙得硬梆梆像一頂鋼盔，以這個鮮明形象，來顯示她的硬朗、頑強、絕不妥協的性格和作風。

除了聲調、帽子、穿衣和髮型之外，這位鐵娘子為自己建立一個強悍的領袖形象，還在自己的身段上痛下苦工。

英國有所謂《資訊保密法》，政府檔案在三十年後便可以解密。二〇一〇年一月底，英國政府公開了一批塵封逾三十年的祕密檔案，包括柴契爾夫人的私人記事簿，當中揭露一九七九年她即將就任首相時，為了令自己在首相府門外拍照時可以更加纖瘦，更加上鏡，於是進行了為期兩個星期的「地獄式節食減肥」。

有關的菜單原本夾在她的個人記事簿當中，幾乎每餐都吃蛋，一週總共吃掉二十八顆蛋作為主食，以及簡單肉食、蔬果和咖啡等，據稱跟著做，可以減掉二十磅。吃肉的時候可配以威士忌，餐與餐之間不可吃零食，但不可使用這份菜單超過兩週。這份「柴契爾夫人的減肥菜單」，有現今所謂「阿特金斯減肥菜單」（Atkins Diet）的影子，同樣是以高蛋白、低碳水化合物飲食來減肥。營養學家指出，雖然菜單可有效快速減輕體重，但卻會令血糖直線下降，令人感到冰冷、倦怠、虛弱、精神差。

女士為了保持美好身段，往往要付出重大的努力和代價，只是想不到作為領袖也一樣。這也難怪，連自己的體重也管理不了的話，又怎能說服國民可以管理一個國家呢？

減肥菜單或許太過沒趣，那麼鐵娘子又是否親自下廚？有沒有什麼拿手好菜呢？

「牧羊人烤派」和「加冕雞」

根據她的助手和同僚透露，鐵娘子是一個工作狂，擔任首相期間，每天只能睡上三至四個小時，所以這樣的一位「大忙人」下廚，也未免太過苛求。但柴契爾夫人深愛自己的丈夫，所以縱然忙碌，堅持盡量抽空親自下廚，為丈夫和自己準備早餐和晚餐。

那麼她的拿手好菜又是什麼？答案是「牧羊人烤派」和「加冕雞」（Shepherd's Pie and Coronation Chicken）。

柴契爾夫人女兒卡洛的前男友，保守黨前國會議員艾特肯（Jonathan Aitken），曾經撰寫了一本書《英雄們與同代人》（Heroes and Contemporaries），當中有記述和緬懷他自己與柴契爾家族相處的點滴，當中提到，柴契爾夫人是一個十分好客的人，而且堅持親自下廚來招呼客人，而拿手好菜也正是「加冕雞」。

什麼是「加冕雞」？聽起來像很富麗堂皇，但其實卻是很平民化，做法簡便快捷。

先把雞肉切丁煮熟，再加香料、調味、淡咖哩粉，以及混入蛋黃醬，便大功告成的一道菜，通常是以沙拉或三明治的方式進食，半個世紀以來，都是三明治店的熱門之選。

這道菜之所以叫「加冕雞」，是因為一九五三年慶祝英女皇加冕的國宴上，特別為此而設的一道菜式，由英國食評家康斯・斯普賴（Constance Spry）及廚師蘿絲瑪莉・休謨（Rosemary Hume）兩人所共同發明。它的精髓之一，就是咖哩與香料，讓人想起印度，因而憶起「日不落國」的美好時光。

此外，兩人細心的地方是，這道菜所需要的食材並不難張羅，就算在戰後物資依然短缺，還需實行配給制的英國，都不難找到。所以當斯普賴在一九五六年推出她自己的烹飪書《康斯・斯普賴食譜》（Constance Spry Cookery Book），把食譜公開後，這道菜立即廣受歡迎，從此成了一道英國經典料理。

至於柴契爾夫人的另一道拿手好菜「牧羊人烤派」，是非常傳統的英國菜，在盤子放上碎肉蔬菜餡，再在上面鋪上一層薯泥，之後拿去焗烤的一種派。既然名字冠上牧羊人，最常見的肉餡當然是羊肉，至於其它蔬菜配搭，則十分隨意，手頭上有什麼材料，紅蘿蔔、豌豆、洋蔥等，都可以用上。

最後，大家可能有所不知的，就是鐵娘子原來嗜愛杯中物，那麼她又喜歡喝什麼酒

呢？

答案是英國的「國酒」威士忌，至愛是 Bell's 牌子的蘇格蘭威士忌。

在二〇〇三年一套有關柴契爾夫人生平的紀錄片中，她的前助手克勞馥（Cynthia Crawford）披露，在一九九〇年十一月鐵娘子被黨友「逼宮」，要她退位讓賢，並發現在黨內第一輪黨魁選舉投票，自己僅能以些微少數領先時，鐵娘子可謂心灰意冷，之後更喝了一整夜悶酒，最後決定黯然下台。

克勞馥進一步透露，鐵娘子曾經告訴她，雖然她丈夫喜歡琴通寧調酒，但她卻認為那不是晚上喝酒的好選擇，她始終喜歡喝威士忌，並且更向克勞馥說：「親愛的，你不能在午夜喝琴通寧，你一定要喝威士忌才會有精神。」

《鐵娘子：堅固柔情》一片中，也有如此一幕，在宴會中，當侍應要為柴契爾夫人的酒杯倒入葡萄酒時，立時被她阻止，並說：「不，不用。威士忌，謝謝。」

柴契爾夫人減肥菜單

每日早餐：葡萄柚、一或兩顆蛋、黑咖啡或清茶

週一：午餐：兩顆蛋、葡萄柚

晚餐：兩顆蛋、什錦沙拉、一片吐司、葡萄柚和咖啡

週二：午餐：兩顆蛋、番茄和咖啡

晚餐：牛排、番茄、黃瓜、生菜、橄欖和咖啡

週三：午餐：兩顆蛋、菠菜、咖啡

晚餐：兩塊羊排、芹菜、黃瓜、番茄、茶

週四：午餐：兩顆蛋、菠菜、咖啡

晚餐：兩顆蛋、茅屋乳酪、一片吐司、花椰菜

週五：午餐：兩顆蛋、菠菜、咖啡

晚餐：魚沙拉、吐司、葡萄柚

週六：午餐：水果沙拉

晚餐：牛排、芹菜、黃瓜、番茄、咖啡

週日：午餐：雞、番茄、蘿蔔、花椰菜、葡萄柚、咖啡

晚餐：凍雞肉、番茄、葡萄柚

26 王子的雪糕、披薩，和茄子

香港商人以腦筋動得快、經營靈活見稱，二〇一一年初，當香港為英國威廉王子世紀大婚而鬧得全城沸騰時，商家又豈會怠慢，紛紛以此為商機，各出奇招吸引客人。

各大商場在當天紛紛直播婚禮全場過程，當中較有心思者，在商場展覽近百件在英國搜羅而來的皇室婚禮紀念品，並準備英式紅茶及甜點，款待入場人士，市民可一邊享用，一邊觀看世紀婚禮。

但說到最特別的，莫如其中一個商場，邀請了曾負責照顧威廉王子兒時起居飲食的英國皇室御廚卡洛琳·羅寶（Carolyn Robb）來港獻技，烹調皇家料理以饗顧客，四道菜，兩人份，價錢為港幣三千元（折合約台幣一萬二千元）。

這位女廚師更特別提到，威廉王子從小就喜歡吃巧克力蛋糕，她說：「記得兩個王子從小孩子開始就很愛吃這個蛋糕，愛跑進廚房看我烘焙。小男生吧，都愛吃巧克力，我偶爾就會做給他們品嚐，就連他們讀寄宿學校時，我也經常預備給他們做點心。」此蛋糕並非有何特別，不過，王子就是喜歡，所以在自己的結婚大日子，聘請了當地一家

糕餅公司 McVities，以此為藍本，製作了一個多層版本的巧克力蛋糕用來款待賓客。

筆者每天上下班都經過這個廣場，但看到以上價錢，卻沒有足夠理由說服自己去光顧。相信很多讀者亦都一樣，不會捨得花上三千元港幣吃一餐。但這也不打緊，英國皇室料理其實也是十分尋常的菜式，烹調並不複雜，筆者書櫃上還有另一本書《皇家食事》（Eating Royally），那是另一位英國皇室御廚達倫・麥格瑞迪（Darren McGrady）所著的書，他後來專職服侍離婚後住在肯辛頓宮（Kensington Palace）的戴安娜皇妃和兩位王子，書中有收錄了幾十道皇室菜譜，大家大可照樣烹調。

書中第三十一頁，便也收錄了一個雖然類似但不完全相同的蛋糕食譜，是以 McVities 餅乾碎屑作為底層的巧克力蛋糕，愛下廚的讀者大可照辦烘焙。方法是先把黑巧克力溶掉，再加入奶油和糖，攪拌成巧克力醬，之後加入 McVities 餅乾碎屑，再倒進餅模讓餅成形，放進冰箱冷凍，待凝固成餅底層後，從冰箱取出並退掉餅模，再鋪上另一層黑巧克力醬，待巧克力醬稍稍凝固後，便可食用。

書中提到這也是英女皇下午茶的最愛，到了每年生日，她又會轉換要求，改以海綿蛋糕作為餅底的巧克力生日蛋糕。這位英國皇室御廚曾被很多皇宮訪客詢問過該蛋糕的配方，他特別在書中將配方公諸於世。

書中第一二三至一二四頁，也收錄了一道當年兩位王子每個禮拜都要吃一次的鍾愛菜式，那就是以剁碎牛肉，混入褐醬（brown sauce，西式濃湯、燉肉醬汁的調味醬汁，在主要成分麥醋中添加水果和香料而成），表面上鋪上一層厚厚乳酪薯泥的農場餡餅（cottage pie）的食譜，那亦是很尋常的食物。

書中也提到不少兩位王子童年時的飲食趣事。

這位御廚說，兩位王子的口味就如一般同齡孩童一樣，喜愛釀薯片、披薩、義大利麵、燒雞等。每隔一段時間，兩人就會在肯辛頓宮附近的一家速食餐廳 Sticky Fingers，大吃漢堡與燒肋骨，口味就和大部分的孩童一樣。至於保母，則會確保他們有吃到足夠的蔬菜，而他們也十分聽話。

兩人尤愛雪糕，至愛口味是 Haagen-Dazs 的巧克力脆片（chocolate chip），兩人常常藉著故事連到廚房，再彬彬有禮的討雪糕吃。威廉王子習慣坐在廚房的窗沿前，捧著雪糕杯，一匙一匙的吃，再小心翼翼的「把風」，留意負責看管自己的保母是否走近。

王子只能在與母親戴妃同住的肯辛頓宮，才能如此無拘無束的吃雪糕，若是換到了白金漢宮探望祖母，又想吃雪糕的話，女皇會先囑咐隨從，再由隨從傳達給總廚，再轉達給餅點廚師，再囑咐銀具房送上銀餐具，餐巾房送上餐巾，再把雪糕妥為裝飾一番，

之後，才由侍從恭恭敬敬的送上，但這樣已是十五分鐘之後的事了，而且如此勞師動眾，難免讓人吃雪糕的興致大打折扣。

王子們與御廚大鬥法

這位御廚說，他有責任讓肯辛頓宮中各皇室成員的膳食盡量健康，但偶爾也需要與兩位王子鬥法。他回憶說，有一個下午，在廚房裡看到一張手寫字條，上面寫著：「達倫，今晚請幫男孩們準備披薩，謝謝你。」上面有著保母的簽署，但字體卻彎彎曲曲，活像一個八歲孩童的筆跡──哈利王子的傑作。結果，當晚他還是送上燒雞與蔬菜作為晚餐，而且報以一個暗笑。

翌日，哈利王子又蹦蹦跳跳地走進廚房，說準備告訴母親想以披薩作為晚餐，這位御廚遂拿出昨天的字條，詢問對方自己應否把這個拿給保母看呢？王子把眼睛瞪得大大的，再氣急敗壞的奔出廚房。但縱然如此，達倫當晚還是帶著盈盈笑意的烤了披薩，他想戴妃是會同意的。

這些王子的童年經歷中，除了有讓人莞爾的趣事，也有讓人感到窩心的回憶。有一次，兩人向達倫提出，希望能放手讓他們暗地裡為母親準備晚餐，戴妃的最愛是釀茄子，

兩人興高采烈又雞手鴨腳的煮菜，儘管製成品弄得像一團糨糊，但戴妃見到後還是忍不住掩面驚呼，她一口一口的吃下，面露無比的幸福。這位御廚說，他相信那些茄子一定很好吃，因為當中洋溢了愛。

當日為了要吃雪糕和披薩而各出奇招的小孩，如今已經成了氣宇軒昂的男子，讓人驚嘆歲月的流逝。但本來兄友弟恭的兩位王子，今天卻形同陌路，又教人怎能不傷感。

27 戴安娜：餐桌上的「人民皇妃」

戴安娜可能是英國史上最備受人民愛戴的皇妃與皇室成員，這除了一張漂亮得不可方物的臉孔之外，還因為她的一顆愛心。婚後，雖然與查爾斯王子婚姻生活並不愉快，但她仍致力於公益事務，不單活躍於各類籌款活動，還身體力行，支持國際反地雷組織，關懷愛滋病童，讓她深受英國以至世界各地民眾愛戴。一九九七年，因被狗仔隊追蹤，她所乘坐的轎車為了甩開對方而失控撞車，她亦在車禍意外中離世。英國首相布萊爾在悼念演說中，稱她為「人民皇妃」（People's Princess），從此這稱呼不脛而走。

真正的雍容華貴，不在於矯揉造作，而在於發自內心的親和。筆者在翻看專職服侍離婚後住在肯辛頓宮的戴安娜皇妃和兩位王子的御廚麥格瑞迪，他所著的《皇家食事》一書，讀到些小故事，從中領略到這番道理。

實踐病童與皇妃用餐的心願

話說戴妃喜愛在肯辛頓宮宴請各類型的客人，有一些是名人，但更多是平民百姓，

尤其是那些做了好事的好人。有一次她邀請了一位小男孩午餐，他患上了癌症，而他又寫信給戴妃，說心願是希望能夠與一位皇妃午餐，戴妃遂實現他的心願。

那位病童與母親及姊妹一起到來，小孩心性，且沒有什麼大不了，但他的母親卻緊張得面容繃緊，畢竟，眼前是一位皇妃，而且是美麗得令人心悸、鼎鼎大名的戴妃。戴妃囑咐御廚弄一些威廉及哈利王子愛吃的東西作為午餐，款待小男孩一家人，於是御廚烤了兩隻雞，及準備了一些蔬菜。戴妃還體貼入微，在飯廳裡小男孩的座椅上，放置了一架玩具車，並為小女孩準備了一個洋娃娃，為母親準備了一束鮮花，作為禮物。戴妃談笑風生，盡量讓這家人感到自然、放鬆和舒服。

但始終是小孩心性，吃至一半，小男孩嫌麻煩，索性以手指把雞腿撿起來，津津有味地啃著。母親看到，立時面如土色，覺得自己一家在皇妃面前出盡洋相。若是換到了另外一些皇室貴族，準會報以白眼，但好一位戴妃，不單沒有介意，更加善解人意，見狀之後心念急轉，立時把手上的刀叉放下，並一樣以手撿起她的雞塊。這時母親才如釋重負，呼出一口氣，露出笑容。

麥格瑞迪說，這就是戴妃，永遠的善解人意，永遠為別人設想周到。讀者看到這段往事後，也會明白到，真正的高貴，不在於矜持和緊守貴族的繁文縟節，而在於發自內

心的親和與善良。

麥格瑞迪說，戴妃對他也十分體貼，當戴妃得知他在熱戀時，每逢週五晚上，都會催他早點離開肯辛頓宮，出外跟女友歡度週末。

那麼，這位漂亮的皇妃，平常她又喜歡吃些什麼呢？毫不讓人意外，為了保持自己美好的身段，戴妃飲食十分節制，早餐愛吃鮮榨果汁、優格，有時再來點炒嫩蛋，以及傳統英式的吐司蓋上茄汁豆，總之要「零脂肪」。至於午餐或晚餐，她則會吃義大利麵食、新鮮蔬菜、雞和魚，飯後甜品則是水果或優格，尤喜歡荔枝。

有一道菜式，戴妃特別喜歡，那就是番茄慕斯配龍蝦，但原本的煮法卻也頗為油膩，會用上三種不同的脂肪（酸奶油、濃奶油、蛋黃醬），於是戴妃要廚師為她改良成一個零脂肪的版本。麥格瑞迪說，記得有一次戴妃又以這道菜式奉客，客人是一位美國名嘴，戴妃後來笑著向他說，席間這位名嘴對這道菜讚不絕口，但卻驚訝的說，不明白戴妃為何這麼喜歡吃這道菜卻仍可保持那麼苗條？他不知道，自己吃的和戴妃吃的，原來是兩個不同版本的番茄慕斯配龍蝦。

那麼戴妃又是否會下廚，偶爾做菜？

麥格瑞迪說，有一次週末，沒有廚師當值，宮裡習慣的做法是先讓廚師做好一些食

物，等到戴妃想吃時，便以微波爐加熱。但這個週末，戴妃卻想親自下廚，為她的一位來訪的女性朋友準備晚餐，她想簡簡單單煮些義大利麵點，認為這樣問題應該不太大。

但無論如何，她也得燒一鍋滾水把麵條先煮熟，不料，她卻「雞手鴨腳」，搞到廚房漏煤氣，結果招來了整整一隊消防隊！麥格瑞迪說週一回來上班，從戴妃口中得悉情況後，忍不住笑彎了腰。

哈維爾：當只有從伯爵茶中才覓得自由

哈維爾（Vaclav Havel），捷克著名的作家和思想家，也是在共產政權年代重要的異議分子，主張人人都可以、也應該憑良心講真話。他在一九六八年「布拉格之春」這場捷克民主運動被蘇聯干預和鎮壓後，一直遭受政權封殺和迫害，但卻沒有屈服或妥協，反而公開要求特赦異議人士，之後，更與其他作家與異議人士，發表了在整個東歐民主運動中十分著名的「七七憲章」，要求捷克政府遵守《赫爾辛基宣言》裡的人權條款。

哈維爾提出，當時社會裡人性的腐敗，源於制度本身的衰敗，只有釋放人權，讓人性重新獲得彰顯，才是社會的出路。結果，哈維爾的鏗鏘之言，卻為自己換來牢獄之災，一九七七年開始被囚禁。但其作品卻因此在國內外更加廣為流傳，對年輕人影響尤甚，啟發了後來捷克的「天鵝絨革命」。

在國際社會的壓力下，一九八三年，當局以患病為由，容許哈維爾保外就醫。出獄後，他繼續不斷批評時政，亦因而繼續多次入獄。到了一九八九年，東歐共產陣營發生巨變，政權一個又一個倒下，捷克亦發生人民自發的「天鵝絨革命」。當捷克共產政權

被推翻，實行民主選舉下，出獄僅四十二天的哈維爾，被選為捷克總統。

從中可見，監獄和囚禁，是哈維爾政治生涯中十分重要的一部分。就如很多政治領袖和思想家一樣，牢獄是考驗他們信念和意志力的一所偉大學校，他們本來是社會上最思想飛翔、最嚮往自由的一小群人，擁有最驛動的心靈，但如今卻被囚禁在四面狹壁之內。於是，他們不少學會沉澱思想，審視信念、信仰，以至自己。亦因此，他們獄中的筆記、書信，以至傳記，後來往往證明是偉大的作品，例如葛蘭西（Antonio Gramsci）的《獄中札記》（Prison Notebooks）、曼德拉的《漫漫自由路》（Long Walk to Freedom），又例如哈維爾的《獄中書》（Letters to Olga）。

哈維爾在獄中寫給他太太奧爾嘉（Olga）的一百四十四封家書，後來輯錄成書，書名索性稱作《獄中書》（此書在臺灣民主基金會贊助下出版了中譯本）。在這書中，固然有很多關於政治思想、信念、捷克時局、民主運動的反省，但更讓我動容的，是哈維爾細述獄中生活的點點滴滴，以及帶來的反思。

獄中的生活實在太艱苦了，所以哈維爾最初的家書，不少都與叮囑太太寄些什麼生活必需品來接濟他有關，例如紙張和筆記本、香菸、雪茄、維他命丸、肥皂、牙膏等，食物就如乳酪和果醬。他們這些囚犯可以每個月收一次包裹，另外還可以每兩個月收一

次水果包裹，於是也叫太太寄水果如檸檬、蘋果、梅子等。他說，這些包裹十分重要，在這裡，唯有它們能照亮其生活（第十四篇家書）。

沖泡茶時，才仍能感覺到自己是一個完整的人

在第二十五篇家書中，哈維爾東拉西扯的初次談到了茶，他說原本一向不太喜歡喝茶，除了當喉嚨痛時。但在獄中喝不到咖啡和酒，於是也只能喝茶了，而且漸漸成了必需品。泡一杯熱茶，坐下來看書、思考或寫信，成了他獄中最快樂的時光。而且他慢慢瘋狂愛上伯爵茶（Earl Grey），他本來以為那是英國老太太在下午茶聚會中喝的，只不過是一種加了香料的老姑婆飲品，並且瞧不起它，但如今看法卻不同了。伯爵茶成了他獄中唯一的奢侈享受，所以在信中叮囑太太下次一定要寄給他，而且要寄多些，最好是寄大罐的。

直到第四十八篇家書中，哈維爾進一步詳述了茶葉在獄中可以起到的功用，以及給他的心靈撫慰。

首先，茶可以當作藥用，有治療效果，例如頭痛、喉嚨痛、初期感冒、發冷、呆滯等，都可以有一定幫助；第二，它能暖身；第三，它能提神，當沒有咖啡和酒時，茶是唯一

含咖啡因的提神劑，讓人從萎靡、焦慮、情緒低落、睏倦等等中，重新恢復生氣、能量、專注力、頭腦靈活，以及對生命的熱愛。

但最重要的，還是第四點。

哈維爾說，茶，對他來說已成為自由的一種實質象徵，是他每天能夠為自己自主安排的唯一飲食，什麼時候以及要怎樣泡茶，還可以由他自己決定。在自由社會中意味著的休閒時光，就像坐在吧檯、餐廳、派對、狂歡以及社會生活中，如今卻只能以坐在一杯熱茶前的時光，所代替。那仍是一件自己選擇的事物，在這之中，領略到自由的意涵。

「也唯有當我在沖泡它時，才仍能感覺到自己是一個完整的人，如同過去一樣，有能力照顧自己。」

「我每天都喝茶，而且把茶的沖泡調製，當成是每日一個小小的儀式，儘管是一個小小儀式，但它的功效卻很大，可支撐一個人免於崩潰。」

看到這裡，讀者或許會領略到自由的可貴。本來平素習以為常的小事，對於某些人來說，已經是巨大的幸福。所以，當大家端起一杯熱茶時，不妨偶爾亦想想，在中國以至世界各地，那些仍被囚禁於黑獄裡的政治犯和良心犯，他們的所有罪名，只不過是對自由、民主、公義的渴望而已。

29 曼德拉：餐桌紀錄了民運路上的滄桑

飲食作家不一定要教大家如何「食得滿意，吃得超值」，他也可以透過食物和文字，來反映一個年代的變遷和軌跡。這方面其中一部比較出色的作品，便與南非政治領袖曼德拉有關，那就是安娜·查比多（Anna Trapido）所著的《為自由而飢餓：曼德拉一生中的飲食故事》（Hunger for Freedom: the Story of Food in the Life of Nelson Mandela）。

對於這樣一位諾貝爾和平獎得主、人權鬥士、政壇風雲人物，一生為了民主人權、社會不公、種族隔離而抗爭不懈，不替他這些崢嶸歲月著書立說，反而關心他究竟吃些什麼，難免給人印象有點「八卦」，但正如作者所說：「世上已有很多寫得很好的曼德拉傳記，但它們差不多全部由男性所寫，而且都是直截了當的政治傳記，它們忽略了個人及感性的一面。」她又說：「透過看看人們吃些什麼和如何烹調，將展示到一個地方的社會、經濟和情感真相，因此，何不看看那些改寫世界歷史的飲食點滴？」

一九一八年，曼德拉出生於南非一個叫姆維佐（Mvezo）的地方，那裡有兩款很普

及的家鄉菜 umphokoqo 和 umngqusho，前者是一種由豆類與玉米粒所作的煮雜豆，吃時伴以奶油或其它動物脂肪。終其一生，就算他當上總統後，曼德拉仍是十分鍾情這兩款口味。但作者說，這兩款家鄉菜，對曼德拉的影響，遠遠不止於此。

幼時在其大家庭裡，曼德拉每餐都是和一大群人圍在一起，分享一大盤玉米餬，又或者煮雜豆。作者說，就是這種進食的方式和習慣，深深影響了童年曼德拉，讓他學懂與其它人相處，到長大後，懂得跨越氏族以至種族的鴻溝，與不同背景的人做朋友，而這些友誼，後來更成了曼德拉建立廣泛政治聯盟的基礎。

不單童年家裡的餐桌，深深塑造了曼德拉的個性，學校裡的餐桌，更讓這位民權鬥士首次涉足政治。話說，長大後，他從鄉郊走到城市生活，並考入南非福特海爾大學（Fort Hare University）。一九三九年，該校的辯論隊到另一間羅德大學（University of Rhodes）比賽，就是這次難得見見世面的機會，讓曼德拉及其同學知道，他們母校飯堂裡的食物原來是多麼的難吃！為何一間白人大學的學生可以吃得那麼好，而他們這間黑人大學的學生卻要吃得這麼差？他就以此為政綱，打出爭取改善學生伙食這張牌，成功當選學生代表，後來更發動了一場杯葛運動，但也為此被驅逐出校。

離開了校園這溫室，青年曼德拉輾轉飄泊至約翰尼斯堡，生計無依，生活困難，但這都加快讓他成熟。他租了一個小康家庭家裡的房間，屋主待他有如兒子一樣，女主人每個禮拜日都請他吃午餐，曼德拉回憶，當時他經濟拮据，那是他當時每週唯一一次可以吃到的熱飯。屋主家庭週日餐桌的主菜是什麼？就是煮豬頭。煮豬頭就是如此為他盛載了好客、善良和關懷的回憶。

茶杯裡的人權小風波

後來，因緣際遇，一九四一年，曼德拉進入一間律師行工作，生活得以改善，更在那裡勤工儉學，取得法律學位。但也是在這裡，發生了一場「茶杯裡的人權小風波」，讓他再次體驗種族隔離的不公。話說上班第一天，他和另一位黑人同事被公司祕書告知，為他們買了新的茶杯，請他們以後拿這些新茶杯喝茶，其實言下之意，就是他們兩個黑人不要與公司裡的白人同事共用茶杯，這無疑是一種另類的種族隔離，他的黑人同伴忍不住發作，但曼德拉卻選擇忍氣吞聲，說自己並不口渴，息事寧人。

往後，曼德拉上班時便帶了自己的茶杯來喝茶，以此了事。

但也是在這裡，曼德拉認識了他的第一位白人朋友，並也在吃飯時用獨特的方式建

立了友誼。話說，這位白人朋友叫內特‧布雷格曼（Nat Bregman），午餐時他愛帶麵包，在辦公室簡單解決。有一次他叫曼德拉抓著麵包的一端，跟他往兩邊扯，麵包應聲分作兩半，之後兩人便分享了麵包。這位白人朋友用這個獨特的方式來表達他對種族歧視的反感和抵制，當他們邊嚼著麵包時，布雷格曼說：「我們剛剛所做的，實踐了共產黨人分享彼此所有的哲學和理想。」

也有溫馨和讓人會心微笑的一幕，書中記述了一九五七年，曼德拉與其第二任妻子溫妮（Winnie）第一次約會，大家猜猜看他們吃的是什麼？答案竟然是咖哩！而且從溫妮的回憶中看到，她對此並不欣賞。她說：「在此之前我從未吃過咖哩，我得大口大口的喝可樂，因為我感覺自己簡直是燒著了！我從未吃過如此辛辣的東西。那簡直是一次文化震撼……我得每次吃一口咖哩，便喝一口可樂，接著才能再吃另一口咖哩。當我吃完之後，已經弄得涕淚交橫……但他卻一匙又一匙吃得津津有味，我實在無法想像竟然有人可以嚥下這樣糟糕的食物，那餐吃的是咖哩雞和咖哩羊肉，而我也第一次吃到那所有趣的麵包，那就是印度薄餅（rotis）。」雖然溫妮說到自己當時狼狽不堪，但有趣的是，在曼德拉眼中，眼前這個吃到涕淚交橫的二十二歲少女，卻十分有魅力，甚至在當天向她提出求婚。

人生高低潮當中都會出現的咖哩雞

有趣的是，曼德拉的一生似乎都和咖哩雞結下不解之緣，在他人生的不同階段，低潮和高潮，都在餐桌上出現了咖哩雞。

步入盛年的曼德拉，與拍檔如奧利佛·坦博（Oliver Tambo）等，以他們的法律專業和知識，來幫助那些受欺壓的人，捍衛其權益，並為此終日四處奔波，風塵僕僕，食無定所，再加上當時南非很少餐廳會向黑人開放，所以，他們另一個拍檔，白人喬治·比佐斯（George Bizos）回憶說，他們往往會光顧戶外餐，以報紙盛著的炸魚薯條作為午餐，並屈身在他們的私家車內開餐，因為，在當時種族隔離的南非，他們連在公園的長椅上一起吃三明治也是不容許的。為何當時打包外賣的是炸魚薯條，而不是我們今天吃慣的漢堡？大家要記得南非是英國的前殖民地，英國的飲食習慣，定有植根於當地。

一九五六年，曼德拉和他很多爭取結束南非種族隔離的戰友同時被捕，並被控以叛國罪，展開漫長的審訊，曼德拉開始踏入人生中最灰暗的歲月，在這時，少數讓人告慰的事物，其中之一，就是戰友們的太太，抖擻精神，一起合作，為他們這些官司纏身的人，烹調伙食，好讓他們能夠苦中作樂，得到一點鼓勵和安慰。其中一位烹飪之星，就

是皮萊（Thayanayagee Pillay），她的廚藝特別出色，而且性格堅強，就算這段審訊期間，丈夫不幸逝世，她也只是休息了三天，便收拾心情，恢復為大家烹飪。那時，早餐通常是三明治、咖啡或茶，午餐就是愛心熱鍋，而皮萊的拿手好菜，就正是咖哩雞！

後來曼德拉被判有罪，從一九六二年起，被判囚於羅本島（Robben Island），開始了他長達二十七年的牢獄生涯。這裡的伙食，又再帶出黑人遭到歧視的問題。

雖然因為種族隔離，白人是不會囚在羅本島的監獄裡，但卻不代表種族歧視在這裡並不存在。曼德拉在自傳《漫漫自由路》憶述，獄中黑人吃的是F菜單，當中沒有麵包可吃，早餐只有一碗玉米粥，一茶匙糖，以及一杯沒有奶的咖啡，但其它有色人種（如印度人）吃的卻是D菜單，當中可以有兩茶匙糖。到了晚餐，黑人吃的F菜單仍是玉米粥，再加上一碗淡如開水的清湯，但其它有色人種吃的D菜單，卻可以吃上麵包和植物奶油。一個星期有四天，F菜單只能吃到六十公克的肉，但D菜單卻是一百一十公克。

種族歧視和隔離，就是這樣在監獄裡的飲食上，一樣陰霾不散。更何況，前述只是名義上的菜單，現實情況往往要較此糟糕得多，不單食物因貪汙舞弊而被扣減，而且質素極為惡劣。當黑人為此作出投訴時，卻被獄監奚落，說你們在獄中已經吃得好過家裡，還有什麼好投訴！

就是如此，曼德拉人生的三分之一，便在牢獄中度過，但他卻始終沒有垂頭喪氣，一蹶不振，反而鑄煉了自己一生鋼鐵般的心志。世人往往好奇，當中有何竅門，可以幫他度過這樣灰暗的日子？

這當然與他堅忍不拔的性格有關，但與曼德拉有多年深厚交情，《時代》雜誌執行總編輯，也是曼德拉自傳《漫漫自由路》幕後「操刀人」的理查・史丹格（Richard Stengel），卻在《曼德拉的禮物：十五堂關於生命、愛與勇氣的課》（Mandela's Way: 15 Lessons on Love, and Courage）一書中特別提到，「一塊菜田」的重要性。

一塊菜田

縱使羅本島的監獄生涯十分艱苦，獄吏凶惡，勞動粗重，待遇差劣，就在種種困頓之中，曼德拉還是向獄方提出想開闢一塊菜田。經過無數次留難，又經過無數次書信往返，曼德拉的申請終於獲得批准，雖然只是一片貧瘠、乾燥、又多石礫的狹長小地，寬一公尺，長十一公尺，但曼德拉已經心滿意足。這塊狹長小地和成排的囚室平行並列，方便獄吏監察，起先曼德拉徒手開墾，後來才取得一把鏟子和一把耙子。他又請親友寄來種子。

當別些囚犯經過一天的粗重勞動，而放鬆下來休息時，他卻繼續忙著在菜田中耕作，其它人都笑他這麼笨，他卻一笑置之。

他種植番茄、洋蔥、青椒、和其它蔬菜。在家書裡，他常常向家人提到自己的菜園，興致勃勃的談及那些蔬菜的模樣，彷彿就像在談自己的孩子一般。當豔紅的番茄、雪白的洋蔥、碧綠的蔬菜和青椒長成之後，就為原本死氣沉沉的監獄，添上難得的生機，收成之後，他便拿來為獄友加餐，後來更給獄吏讓他們帶回家。

史丹格說，羅本島上的樂事本來便很少，曼德拉的菜園成了他的私人島嶼，能夠幫他把心安靜下來。他不時為監獄外的世界而擔憂，例如家人的安全，以及民主運動和抗爭的將來，而菜園正好轉移他的注意力。外面世界有很多東西枯萎破滅，但他的菜園卻始終生機盎然，欣欣向榮。其它囚犯提到他在耕作時，非常投入和專心，整個人沉醉其中。就是這樣，這個菜園幫助他度過生命中最灰暗的日子。

事過境遷，很多年後，史丹格說自己去了羅本島一趟，回來後見到曼德拉，後者第一個問題，並不是問他有否見過他的囚室，也不是勞動的採石場，而是問他：「他們有讓你看我的菜園在哪裡嗎？」

另一方面，為了接濟曼德拉，照顧他的健康，他的戰友兼代表律師達拉‧奧馬爾

（Dullah Omar）其太太法莉姐（Farida），便常常託丈夫在探監時偷偷帶去食物，雖然這些「走私」最初通通失敗，但終於有一次成功突破封鎖，那是一九七九年，曼德拉感動的說，這是他十五年來見到的第一根香蕉！到了後來，八〇年代，曼德拉被轉至波爾斯穆爾（Pollsmor）囚禁，監視漸告鬆懈，奧馬爾甚至偷運太太法莉姐所做的咖哩餃（samoosas）、薄餅，甚至拿手好菜咖哩雞進入獄中，接濟曼德拉及其它獄中戰友。

你沒有看錯，又是咖哩雞。

獲釋後的慶賀菜餚

一九九〇年二月十一日，曼德拉終於獲釋，南非大主教杜圖，立即請他到家中作客慶祝，但因為事出有點突然，主教的助手拉維尼婭（Lavinia Crawford-Browne）在想，應該在這歷史性的一刻，為這位民族英雄煮些什麼菜呢？她完全沒有概念曼德拉喜歡吃些什麼、不喜歡吃些什麼，而主教家中的傭人莉莉安（Lillian Ngoboza）亦不知所措，指望她作出決定，結果，她認為最安全的做法，就是煮雞（筆者按：畢竟把雞視為飲食禁忌的人比較少），況且，可能會有大量賓客湧至，又碰上那已經是星期日的黃昏，絕大多數店鋪已經關門，冷凍雞塊是最容易在便利商店大批買到的食材。莉莉安在這萬眾

歡騰的一刻被委以重責，她要煮出一些好吃的菜式，不讓大家失望，結果，她決定做咖哩雞，因為那是杜圖大人喜愛的菜式，並親自教過她如何烹調，而她一直把夫人視作母親，在這亂成一團的時刻，她認為煮咖哩雞會讓自己感覺到夫人就在身邊，與她並肩作戰，並安撫她那如鹿撞的心情。結果，晚餐就是咖哩雞、酸奶和酸辣醬伴青菜沙拉，以及飯，甜品是杜圖大主教最喜歡的蘭姆酒葡萄乾雪糕。看，陰差陽錯，又一次是咖哩雞！

正如前文所言，雖然後來貴為一國的總統，珍饈百味可以手到擒來，但曼德拉始終鍾情的，卻是 umphokoqo 這種童年口味。曼德拉的孫女南迪（Nandi）說，每次當這道菜出現在晚餐桌上，都會讓這位祖父胃口大開，甚至與其它人爭吃起來。為這位總統當廚師的 Xoliswa Ndoyiya，說這道菜讓曼德拉想起母親，因為這是其拿手好菜。

這位廚師回憶，有一次碰上這位總統長程外訪，雖然住在國際級大酒店，但卻食不下箸，只想吃家鄉菜，以一解他相思之苦。Xoliswa 聞訊後笑得人仰馬翻，但還是煮好玉米餬，把它放在禮物盒，包裝成一份精緻生日禮物一樣，由要趕赴倫敦的一位工作人員順道帶住。曼德拉的助手更向該工作人員開玩笑說：「如果妳在海關遭扣查和為難的話，妳便立即打電話給我，我們會找布萊爾（當時的英國首相）交涉。」

查比多所著的這本書《為自由而飢餓：曼德拉一生中的飲食故事》，就是如此記載

了曼德拉人生不同階段，食物與其際遇交織而成的一個又一個小故事，讀來趣味盎然。

書中更收集了由前面提到的玉米餅、煮雜豆、煮豬頭等之食譜，當中包括前述皮萊、奧馬爾、莉莉安等人不同的咖哩雞祕方，讓大家可以通過食譜想像那些食物的味道，以及神遊當日曼德拉的經歷。

李光耀：最美好的一頓飯

李光耀被譽為新加坡的國父，他在這塊彈丸之地最風雨飄搖之際，一力扛起國家的重擔。

「治理新加坡的人，一定要有鐵一般的意志，否則就別要沾手！這不是打牌消遣的玩意，這關乎生死存亡。」（Whoever governs Singapore must have that iron in him, or give it up! This is not a game of cards. This is your life and mine.）

他首先帶領新加坡脫離英國獨立，後與馬來亞合併成聯邦，之後再被驅逐出聯邦，在一塊全無天然資源，甚至連食水都沒有的彈丸之地，帶領國民掙扎求存。在生存和發展為大前提下，他治國可謂用盡一切手段。

「我不想讓人以為我是鷹派和鴿派。如果以飛禽來自比，我寧願選擇貓頭鷹（筆者按：貓頭鷹代表智慧和思考）。」（I do not want to sound like a hawk or a dove. If I have to choose a metaphor from the aviary, I would like to think of the owl.）

對外，他在戰後冷戰列強之間左右逢源，不結盟，但亦哪個也不得罪；他一生反共，

卻在與台灣保持友好之餘，亦與中國大陸共舞，採取「平衡外交」。對內，他抗拒西方民主人權價值，卻起用西方資本主義來發展經濟，這還不止，他帶領新加坡脫離英國獨立，卻以英文為法定語言，反而輕華語，甚至放下司法尊嚴和自主，繼續以英國樞密院為終審法院，直至一九八九年才結束，這都是為了讓外商放心投資當地，振興當地經濟。

這種外交、意識形態，以及政策上的實用主義和靈活性，讓新加坡不單能夠生存，還取得長足的發展，最後甚至進入發達國家之列。

「我不在乎自己是否政治正確，我只在乎自己是否正確。」

（I am not interested in being politically correct. I am interested in being correct.）

雖然崇尚西方經濟模式，但李光耀抗拒西方民主人權價值。他聰明的以「亞洲」的獨特性來為其反駁作包裝。他認為民主並不是普世價值，在新加坡的多元種族和文化背景下，根本行不通。他坦然承認國內種族問題也是自己反對搬民主的原因之一，於二〇〇五年接受德國《明鏡》週刊訪問時，他說：「在多種族社會，你不會根據經濟和社會利益投票，只會根據種族和宗教投票，假設我在這裡運行他們（英國式民主）系統，我會見到國會長期陷入馬來人會投給穆斯林，印度人會投給印度人，華人會投給華人，無法解決的衝突，因為華人多數會永遠凌駕其他人。」他於一九八八年在美國報業編輯

協會的演講會中，更斬釘截鐵的說：「將傳媒視為第四權的理論，並不適合新加坡。我們不能讓本地傳媒扮演像美國傳媒的角色，那就是：政府的監察、對抗，和質疑者。」

「我是世界上薪酬最高的總理之一，也可能是第三世界最窮的總理之一。」

（I am one of the best paid and probably one of the poorest of the third world prime ministers.）

李光耀把政府和國家建設得廉潔，他更在回憶錄中提到，在一九五九年新加坡第一屆政府宣誓就職時，他要求內閣成員一律穿白色襯衫和白色長褲，以彰顯新政府在廉潔上的決心。之後，一方面高薪養廉；另一方面也在制度上進行了很多廉政建設，也敢於打大老虎，並大義滅親，包括他的老戰友環境發展部部長黃循文，及國家發展部部長鄭章遠等。

「我說得出，做得到，隨時準備好捍衛自己的言論，至死不悔。」

（I stand, fight, live and die by what I say.）

這位新加坡一代政治強人李光耀固然治國有方，但其家長式治理作風，卻一直惹來爭議。

例如，他立法禁止學校內售賣汽水，便讓慣於自由主義，活在西方民主社會的人，

為之側目。他這樣做固然出於好意，是希望避免學童在發育期間變得肥胖，但卻不是人人皆會領情，反覺他連飲料汽水都要管。他特別不喜歡孩子長得肥胖，在《李光耀回憶錄》中他也特別提到，他小時沒有漢堡和義大利披薩之類的速食，也沒有不健康食物和特許經營的餐館，更沒有外國的小甜餅，在他記憶中，無論是家裡、漁村裡，或是後來在學校裡，都沒有見過肥胖的孩子。

事實上，李光耀曾經在新加坡多次推行健康飲食運動，以至連人民吃口香糖都要管，甚至全面禁絕。他就是如此一位對健康管理要求十分嚴格的政治領袖，而且也十分自律，結果得享九十一歲高壽。晚年他曾分享養生之道，說只吃清淡食物，如粥、白肉和魚肉，不吃紅肉。

訪台最愛的早餐？

李光耀與台灣交往甚密，曾多次訪台，並二十四次入住台北圓山大飯店，是下榻圓山最多的外國元首。台灣中央社曾訪問過接待李光耀訪台的圓山飯店老員工，透露他習慣早上八點吃早餐，最愛永和的無糖豆漿，每次到訪，員工定一早為他準備永和豆漿，此外，他亦吃燒餅及油條。

李光耀曾在《李光耀觀天下》一書中也提及，早年他愛抽菸和喝啤酒，但後來因為抽菸會在選舉期間影響聲帶，於是索性戒掉。他曾因愛喝啤酒而長出一圈「啤酒肚」，於是以打高爾夫球健身，後來改為跑步、游泳，每天三餐後都會使用跑步機，晚餐前還會去游泳。媒體亦提到，除了運動，李光耀也以喝溫開水來養生。事緣有次他赴北京與當時的黨總書記趙紫陽會談時，為了潤喉，熱茶一杯接一杯的喝，結果會談間不得不上洗手間。他後來才得知茶會利尿，於是就索性改喝溫開水。這種只喝溫開水的習慣，讓我想起另一位一代軍政強人蔣介石。

戒吃辣、戒吃紅肉，這都是他晚年才養成的生活習慣，早年則不然。他回憶說，年輕時，他喜歡到海邊游泳，而海邊有一個沙嗲小販，烤的沙嗲很好吃，每次他游完泳，都會光顧。不過，到了他後來當上總理後，他已經沒有吃沙嗲，隨著年紀漸長，他已經不能吃太多辛辣的東西，吃了沙嗲更會肚子疼。

李光耀在《回憶錄》中亦提到，留學英國劍橋期間，因為戰後物資匱乏，就算連戰勝國英國都不例外，食物一律只能配給。最初他並不懂得下廚，東西煮得很難吃，甚至把肉塊煎到大縮水。後來，他愛把每個星期所配給到的肉，以咖哩煮來吃，還算可口，

而與他一起在劍橋唸書的女朋友，即後來的太太柯玉芝，則愛以雞肉和辣椒粉來炒奶油麵條，當作炒粿條來吃，這亦是他覺得可口的菜式。

李光耀在《回憶錄》中也提到，他有一位做過輪船船務長，飄洋過海，見過世面，並曾經拿到英國藉，後來經商，生活作風洋化得像個英國紳士的祖父。雖然後來因上世紀二、三○年代全球經濟大蕭條，因而家道中落，但卻依然講究吃喝，識飲識食。他說童年時與祖父一起用餐，是一種莫大的享受。祖母一身廚藝，例如擅長炸牛排，再伴以剛磨碎的荳蔻，伴著炸成金黃色但卻不油膩的薯條一起吃。當時他祖父給他的印象是，一個成功的人，也同時會是一個懂得享受人生的人。

但似乎祖父饞嘴的基因，並沒有遺傳到李光耀身上，又或者，嚴苛的政治環境，沉重的政治重擔和壓力，把這些基因都壓抑下去。

雖然李光耀不太講究吃，卻也有讓他念念不忘的美好味道。

在《李光耀：新加坡賴以生存的硬道理》一書中，收錄了一群《海峽時報》記者與他所作的訪談，當中有一篇他提到：「我記得我們吃過的最美好的一頓飯……」

話說，一九六三年，他在倫敦與馬來亞政府商談新加坡與馬來亞合併的事宜。起初

談判並不順利，他說：「……我們中斷談判，決定去泰晤士河邊馬妻的一家叫『釣客清話』的地方。食物可口，環境優美，人也覺得放鬆了。」

這頓飯對這次談判有沒有幫助，訪談中並沒有提到，但最後談判終能達成協議，新馬正式合併，只可惜，兩年後新馬卻鬧翻，新加坡被逐，無奈只能選擇及被迫獨立，這已是後話。

但李光耀卻對這頓飯念念不忘，甚至在四十六年後，他到訪英國，也特地到那裡去慶祝其八十六歲生日。他深情的說：「過了四十多年，河堰還在，他們保留了周圍的建築物，一切充滿英國風情。那裡可能是歷史保護區，因此不能隨意改建。它是老英國的一部分，儘管裡面已經裝潢得很現代了，但周圍環境依然如舊。我不是懷舊，只是它讓我重溫我的年輕時光。」

但他也感傷的說：「我的味蕾不同了，所以嚐的味道也不一樣，我相信那兒食物的水準同以往一樣，並沒有走下坡。但我的味蕾變遲鈍了！」

食物的味道，永遠是與你那一刻的心景和感情是分不開的。

最美好的一餐，只有在回憶中才會發現，而且是滲雜了各式各樣與食物無關的感情。

思念在記憶中沉澱。腦海裡的回憶，永遠是最美好的東西。

翁山蘇姬：早餐的憂鬱

翁山蘇姬是緬甸著名的反對派領袖，她為了與當地軍政府抗爭，不惜遠離自己在英國牛津大學的安樂窩，與丈夫和兩個兒子天各一方，也要留在緬甸，領導當地的民主運動，甚至為此被軟禁長達二十多年，也都堅持與軍政府周旋到底，並以和平非暴力的方式進行抗爭。她甚至因為害怕出國後不能重返國土，被軍政府變相放逐，而讓緬甸的民主運動失去領導和凝聚力，因而忍痛沒有返英，不能見彌留的丈夫之最後一面。

翁山蘇姬能夠成為眾望所歸的領袖，除了因為她乃緬甸民族英雄翁山將軍之女兒外，也因為她魅力非凡。而這份魅力，除了源於其堅忍不拔、不畏強權的性格之外，還來自其親和力。至於其親和力，可見諸她所寫的《緬甸家書》（Letters from Burma）。

在這些家書中，她從尋常百姓的日常生活遭遇說起，道盡在軍政府的高壓統治下，緬甸百姓如何生活艱難、缺乏自由，以及活在恐懼當中，從而說出了獨裁政權黑暗的一面，讓民眾更有共鳴。翁山蘇姬在信中說的不單止是義正詞嚴大道理，更透過生活中的小故事，例如早餐、飲茶、探訪朋友、潑水節等百姓日常生活習慣和遭遇，來說明問題

癥結所在，這比起更多的大道理、更多的數字，都更加貼近生活，更加動人。

例如在一篇〈早餐的憂鬱〉（*Breakfast Blues*）中，她透過生動地描述當地百姓早餐餐桌的轉變，來勾劃出在軍政府統治下，百姓生活艱難的軌跡。

緬甸人的家常早餐

她說，過往緬甸人愛以炒飯作為早餐，這通常是把昨晚晚飯吃剩的菜、肉、蝦等剩菜，再加入米飯，在鍋中一起炒熱，便成為一味熱辣辣的炒飯，如果想豐富一點，有時會加入一、兩顆雞蛋一起炒，有時則是加入切薄片的中國臘腸，有時則是各種已經蒸熟的豆類，那樣就成了十分美味的一餐。

但到了後來，這樣美味的炒飯，慢慢在緬甸的家庭裡成了絕響。那是因為生活愈來愈艱難，晚飯已經變得不夠吃，遑論吃剩蝦、肉、雞蛋以及中國臘腸這些本來只是十分謙卑的食物，今天尋常百姓已經負擔不起，於是，炒飯這樣的傳統家常美食，也只能在緬甸的飯桌上消失，或者變成只以蔬菜為主的單調食物。

翁山蘇姬接著又提到當地的一種不單在早餐，也在三餐中常常會吃的食物——魚湯（mohinga）。她更形容它為緬甸版的「馬賽魚湯」（bouillabaisse）。當地人常常以這

種湯，加入米粉一起吃，那便是十分不錯的一餐。她說，一碗熱氣騰騰的魚湯，再加上炸蔬菜餅、魚餅切片、白煮雞蛋，再配以由切碎芫荽、爆香碎蒜片、魚露、青檸汁、辣椒來調味，這樣的一頓令人垂涎的早餐，實在是令人振奮的一日之始。

翁山蘇姬在說過了美味的炒飯和魚湯之後，才接著在這封家書中，細說緬甸今天變得如何百物騰貴，民眾生活艱難。如今已經沒有多少緬甸人，能夠這麼幸福，可以以炒飯和魚湯來作早餐，又或者因為買不起魚、蝦、肉、雞蛋、豆類作為配料，而用大把的鹽和味精來調味作為代替，讓這兩味本來美味又有營養的食物，不單變得味道大打折扣，而且更愈來愈不利健康。

她說，今天老百姓只能以稀粥來作早餐，或甚至只能索性咬緊牙關，餓著肚子。

翁山蘇姬在家書中，也有一篇提到緬甸人的飲茶習慣。

她說飲茶是緬甸社交生活當中十分重要的一部分，一盅綠茶，斟斟飲飲，日常多少事，都盡付笑談中。無論是登門拜訪，又或者下午小休，以至是飯後聊天，一盅茶都是少不了。

緬甸人愛以瓜子、蝦乾、烘豆、花生，以及炸蒜片等作為下茶小食。但他們卻也愈來愈喜歡喝甜的茶，那就是加入奶和糖的茶，這卻不是傳統英式的製法，而是由印度移

民引入，以茶葉和煉奶放在壺裡一起煮，類似香港的「茶餐廳奶茶」般濃郁、厚重的飲料。他們到茶館飲茶，不是如中國人，又或者英國人那般，以茶葉的種類（例如龍井、烏龍茶，又或者伯爵茶、英式早餐茶）來點茶，反而是以甜度來點，例如少甜、中甜、多甜。

因為喝茶是如此的普遍，一些俚語也環繞喝茶而衍生，例如「茶錢」這個名詞。

跟五、六〇年代的老香港完全一樣，「茶錢」是指用來「疏通」政府部門人員辦事的小額行賄，但隨著緬甸政府貪汙日趨嚴重，要「疏通」衙門辦事，已經再不能用上茶館飲茶這樣的小數目，而是要花上更多更多的數額，所以新的叫法是「倒水」。

能夠以升斗小民的飲食，來把政治和社會問題的癥結，如貪汙腐敗、民生困苦、高壓統治，說得清清楚楚，這也是翁山蘇姬為何如此受普羅百姓愛戴的原因之一吧！

32 教宗的披薩

前些時候，發生了一宗讓人不禁莞爾的新聞，那就是教宗坐車出巡時獲熱心人特別奉上一個義大利披薩，讓他一解相思。

話說，教宗方濟各日理萬機，根本沒有太多私人空間，當他接受訪問，被問及最懷念的是什麼時，他說：「唯一希望，找一天低調出外，在無人認得我時，到披薩店吃一塊義大利披薩。」

結果，拿坡里市一家披薩店 Don Ernesto 的店主 Enzo Cacialli，在聽到教宗這個心願後，趁教宗二〇一五年三月二十一日到訪當地，站在敞篷專車上向民眾揮手時，向他送上一個精心特製的「教宗披薩」，餅面用麵團拼出義大利文的「教宗」字樣，又用黃色聖女番茄圍邊象徵梵蒂岡國旗。

教宗也親民，見到 Enzo Cacialli 遞上披薩時，沒有驚慌和抗拒，反而用雙手接過來，更面露笑容地表示多謝，欣然接受了這份窩心禮物。

到拿坡里時收到披薩，也屬順理成章，因為拿坡里本來就是義大利披薩的發源地，

早於古羅馬年代已經有，但當時只單純是餅，並沒有加上配料，就有點像中國北方的大餅。

有讀者可能心裡嘀咕，這位店主也未免「寒酸」了點吧！畢竟披薩是呈給教宗，卻只有麵團、乳酪，和聖女番茄，大家到連鎖義大利披薩店如「必勝客」也豐富一點，火腿、香腸、肉醬、雞肉、乳酪、鳳梨等什麼餡料都有，哪會像這個披薩般「寒酸」？

其實讀者有所不知，拿坡里這個披薩「老祖宗」的披薩，吃的講求是原味，材料愈簡單愈好，只要麵團加上番茄來烤便可以，只要麵團發得好，番茄夠新鮮，便十分美味，要不，再加上橄欖、羅勒、乳酪也可以，頂多再加火腿，切忌貪多務得。當披薩從烤爐拿出來，散發著麵皮和番茄的樸素香氣，吃進嘴裡，麵皮夠熱夠香脆，番茄酸甜適中，那便已經是人間美味。這種純樸，就是拿坡里人最引以為傲的味道。就像一位美人，本來就不用庸脂俗粉來多加修飾，否則，反而只會壞了那份天生麗質。

製作披薩的過程，師傅會把一個搓好的麵團，又揉又轉，變成一張薄餅，看著他表演，就像看中國師傅把麵團弄成麵條又或者燒餅一樣，同樣令人目不暇給。

我們現在在連鎖披薩店吃到的，大都是美國化了的義大利披薩，特點就是加入各式各樣的餡料，琳瑯滿目，但亂七八糟一大堆東西，卻讓餅皮反而成了配角，讓人吃不到

餅皮的味道，這卻也反映了美國人的作風，凡事貪多務得，但看在「老祖宗」拿坡里眼裡，卻未免太過煮鶴焚琴了。

說回教宗方濟各，那麼除了披薩之外，他還喜歡吃些什麼？

近日，梵諦岡教廷的瑞士衛士團之成員，亦是廚師的大衛・蓋塞爾（David Geisser），出版了一本烹飪書《祝你有個好胃口，瑞士衛士團》（*Bon Appetit, Swiss Guard*），透露了教宗方濟各，以及上兩任教宗，本篤六世，和若望保祿二世，三人的心愛食物。

為什麼衛士團會出烹飪書呢？事源這個身負保衛教廷重任的瑞士衛士團，也負責教廷的伙食，可謂「入得廚房，出得教堂」。要當其成員，要求也頗為嚴格。首先必須信奉天主教，兼且仍是單身的男士，年齡介乎十九歲至三十歲，而且至少要有五呎八吋高。就我在梵諦岡見到的，大都外形俊朗。衛士團宣誓向教宗效忠，執勤時穿上文藝復興時代的服裝。

說回教宗的鍾愛口味。教宗方濟各原籍阿根廷，為人嗜甜，喜愛一種傳統阿根廷甜品「焦糖牛奶布丁」（dulce de leche），那是一種十分甜的甜品，做法是把牛奶加入砂糖慢慢加熱，讓糖分焦糖化，因此顏色也會變成咖啡色，到冷卻後，就會變得像太妃糖般黏稠。教宗更把這種甜品引進梵諦岡菜單之中。

另外一種經他引進梵諦岡的傳統阿根廷食品，就是「拉丁風味焗餡餅」（empanadas）、乳酪、洋蔥和蔬菜等作餡，在很多南美國家大街小巷到處可見的道地食品。

第三種是「colita de cuadril」，那即是英文的 tri-tip steak，即三岔肉（盆骨前肌，近腹腿肉）。

另外一位教宗，原籍波蘭的教宗若望保祿二世，則喜歡吃「波蘭餃子」（pierogi）。這位教宗在一九八一年曾經遇刺，康復期間，想起要吃的，便是這種餃子。這種餃子外形與中國餃子差不多，餡料分菜餡、肉餡、乳酪餡三大類。波蘭人會用沸水煮熟餃子來吃，也有在煮熟後，再用洋蔥和奶油煎香成金黃才吃，就像中國人的鍋貼一樣。當然兩地也有不同的地方，例如中國人會以餃子沾醬油、醋來吃，而波蘭人則會沾酸奶油。

其實二〇一二年，我到烏克蘭看歐洲國家盃，也看到當地人除了麵包之外，另一主食也是餃子，讓我一開眼界。當地叫餃子做 varenyky，他們也是愛沾酸奶油來吃，看來餃子在東歐是種十分普遍的主食。

至於原籍德國的教宗本篤六世，喜愛巴伐利亞菜式，如以法蘭克福香腸加上蔬菜做的沙拉（wurstel salad），以及焗櫻桃配奶油。

33 — 葉爾欽：草莽梟雄愛烈酒

與其把葉爾欽視為民主領袖，倒不如把他視為亂世梟雄，更為貼切。他一生最為傳奇和激勵人心的一幕，一定是一九九一年爆發的蘇聯「八‧一九政變」。當時的蘇聯總統戈巴契夫，原本在黑海度假，卻被叛黨發動政變和軟禁，更指責其改革已經徹底失敗。

就在這風雨飄搖的關鍵時刻，俄羅斯總統葉爾欽（當時蘇聯轄下十五個聯邦之一，也是幅員最廣、人口最多的一個），火速飛回莫斯科，立即成立臨時抗爭指揮總部，更不顧自身安危，親自走到俄羅斯國會大樓「白宮」（White House）前，站在坦克車炮塔上發表演說，呼籲發動無限期罷工，抵抗這場政變。結果通過媒體——尤其是電視的轉播，這個激勵人心的畫面，立即被傳送到蘇聯全境，乃至世界各地，掀起了一場聲勢浩大的反抗運動。叛黨曾經派遣一支特種武裝部隊到白宮捉拿葉爾欽，但將士卻為其氣魄所折服，反而倒戈相向，一支坦克部隊甚至掉轉槍頭，成了他的捍衛者。結果叛黨大勢已去。

葉爾欽當時選擇飛回莫斯科，而非逃出國外，成立流亡政府，「留得青山在」，更冒著生命危險走到國會大樓外演說，而非躲在安全地方，作幕後指揮，我相信當時他身邊定有不少人，會力勸他不要魯莽行事，而卻偏偏是這種梟雄氣魄，在大家最不知所措時，振奮了人心，改寫了歷史。

但葉爾欽始終也只不過是個梟雄，而非有量度和修養的民主領袖，他不愛講民主理念，更不會為了尊重程序公義而循規蹈矩，他只會本能地朝著自己認為正確的方向前進。他曾說過：「我們曾經認為，政治是道德的，但實際上，政治沒有道德可言。……是時候，像礦工一樣，捲起衫袖，舉起拳頭了！」

舉些例子：在「府會政爭」中，他會下令坦克向國會大樓開火；他所草擬的俄羅斯憲法，把權力集於總統一身，令國會和憲制法庭徒然成了民主擺飾；當粉碎了「八‧一九政變」之後，他又無視民主精神，取締蘇聯共產黨，查封《真理報》等六份蘇共中央刊物，充公蘇共黨產等，務求令政敵永不翻身；即使戈巴契夫是當年一手提攜他的恩人，但在政爭中他也絕不手軟，在國會中公然羞辱對方，走到對方跟前，遞上名單，在全球目光下，公然命令戈氏唸出牽涉政變的閣員、黨員名稱，好迫使他解散蘇共中央；當與蘇共進行鬥爭時，他會高舉民族主義大旗，並鼓吹俄羅斯獨立，但當爭取到獨立，

大權在握，輪到境內的車臣爭取獨立時，他就二話不說，發動了血腥戰爭來鎮壓。

一言以蔽之，葉爾欽絕不迂腐，若然碰上千載良機，他會毫不猶豫。什麼民主、法治、承諾信用、兄弟情義，都不會是他的顧慮，雖然他聲稱自己爭取的是民主。

但是，梟雄只適合亂世，只適合用來改寫朝綱，葉爾欽在成功使得蘇聯解體，爭取到俄羅斯獨立後，在治國上，卻可謂一事無成。任內出現高失業、高通膨，國家一片混亂，為同胞民族帶來深重災難。最後，在一九九九年除夕，他突然宣布辭職，提早引退，把大權交給普京。他在電視發表演說，向百姓道歉，懇求原諒：「我要為未能幫助大家實現夢想，而懇求原諒；我要為未能透切了解大家的心願，而懇求原諒；我更加要為未能帶領祖國邁向富足和文明，而懇求原諒。」

那麼，這樣一個草莽梟雄，他的飲食習慣又如何呢？

西歐人喜歡飲酒，尤其是細緻、典雅的葡萄酒，且喝得很慢，每一口都仔細品嚐。

俄國人也喜愛渴酒，但卻是剛烈如火的伏特加，且是大口大口的往嘴裡灌。年輕時，有一次葉爾欽就是當中的佼佼者。他能夠毫不費勁的喝下一公升伏特加。

在列車上，一位下屬因為不能喝得像他那般多，竟被他瞧不起，憤而趕了下車。他總是酒不離身，就連總統專車上，也時刻備著心愛的伏特加和下酒菜。人們經常可以看到他

紅著臉，搖搖晃晃，出現在公眾場合，時而鬧出笑話。即使出國外訪時，他也經常在宴會上喝得沒頭沒腦，甚至在眾目睽睽之下出醜。其中一次，是國是訪問愛爾蘭，因為在專機上喝得太多，至宿醉不醒（另一講法則是說他心臟病發），竟未能走下飛機，讓對方總理在機場上乾等，最後只好讓副手代為下機應付。

就算是中國，也曾跟他發生過有關「茅台外交」的故事。話說，自一九八四年起，中國外交部就建議不再在國宴上喝高酒精度的烈酒，但一九九二年葉爾欽訪問中國，中方知道這位俄國總統嗜烈酒如命，於是該次國宴破例再次供應茅台，結果賓客盡歡，葉爾欽感到主人家十分貼心，自己一人便喝了半斤。

到了一九九六年，葉爾欽再度訪問中國，不知是否因為他剛做完「心臟繞道」手術，中方為他著想，當江澤民設國宴款待他時，桌上並沒有像一九九二年那次般奉上茅台，不料葉爾欽卻因而不悅，且發牢騷，說清楚記得上次來時有一種白酒，江澤民唯有示意再次奉上茅台，但他為了檢驗酒是否為真，竟然點燃起一根火柴，放在酒瓶口。

一九九一年五月，總統大選前夕，當俄羅斯和蘇共中央的權爭白熱化時，他在街頭講的，不是聯邦制又或者什麼抽象政治理論，而是乾脆高喊：「要向中央取回伏特加和克里姆林宮！」不錯，他講的是伏特加酒！不是什麼盧梭、洛克等大師的民主理論。

除了愛喝烈酒外，葉爾欽也喜愛狩獵和釣魚，尤其是在故鄉扎維多沃（Zavidovo）附近的森林和湖泊。他喜愛狩獵的對象是松雞。

在其回憶錄《午夜日記》（Midnight Diaries）中，葉爾欽也曾經提過以下一段有趣釣魚經歷：有次他接待一位外國友人，一起到扎維多沃附近的湖泊釣魚。他把一個黑色公事包放在艇上，不料，這位友人卻不時不安地打量著這個公事包，他才想到，友人可能把它聯想為用來緊急啟動核武的公事包。後來，他索性把公事包打開給他看，內裡原來只是放著黃瓜，以及——兩瓶伏特加！友人不禁失笑。這時葉爾欽才打趣說，核武公事包原來在另一艇上，由特勤人員看守。

葉爾欽喜歡釣完魚後，即時以新鮮漁獲來做他愛喝的一道俄式魚湯「烏哈湯」（ukha），他如此描述煮這道湯的祕方＋：「先找來一個大鍋，並把十多種雜魚放在一起煮，之後放進大番茄和其它配料，並從柴火中把當中一塊放進鍋裡，這樣就可為湯增添煙燻味，並去除魚腥。」

順帶一提，雖然今天烏哈湯是一道以魚肉和蔬菜為材料的俄羅斯飲食，但起初它卻是一種肉湯，之後甚至變成雞湯，到了十七世紀之後，才變成及專指魚湯。

34 — 卡斯楚：革命美食家

卡斯楚一生最大的政治成就，便是在冷戰的高峰期，仍敢於「太歲頭上動土」，在美國的後院，建立共產主義政權，就算為此要付出重大代價，遭到由美國所領頭的西方世界近半個世紀的經濟封鎖，仍拒絕低頭，甚至到了九〇年代蘇聯及東歐共產陣營瓦解，古巴失去主要經濟外援，經濟瀕臨絕境，卡斯楚與古巴經歷了史上最孤立的時期，但仍不屈不撓，最終還能成功領導這個西方世界裡的共產主義孤島續存至今。

過去大半個世紀，古巴因為前述經濟封鎖，因此長年貧窮和物資短缺，食物十分匱乏，於是出現了不少以此為題材的笑話，例如：

- 古巴家庭裡的冰箱與椰子有何分別？答案是沒有，兩者都只有水。
- 古巴動物園附近的告示，原本是「Do not feed the animals」（不要餵飼動物），但後來卻變成「Do not eat the animals」（不要吃掉動物）。

但有趣的是，在這樣一個食物十分匱乏的國家，卡斯楚卻偏偏是一位美食愛好者。

革命年代，這位梟雄過著顛沛流離的生活，甚至要在荒山野嶺長期打游擊戰，所以當時他的口味極其簡單，最常吃的，是非洲一種主食「富富」（fufuo），那是用木薯，或玉米，或大蕉，製成的粉狀物，加入熱水後即成的糊。

但卡斯楚掌權後，卻熱愛美酒佳餚。立國後，他甚至把國家很多資源投入在成立食品企業上，生產例如乳酪、鵝肝、威士忌等美食佳釀。

記者李·洛克伍德（Lee Lockwood）曾經為卡斯楚寫撰寫過傳記《卡斯楚的古巴，古巴的菲爾德》（Castro's Cuba, Cuba's Fidel），書中記述了以下一幕：在六〇年代中期，這位記者曾有緣親自訪問了這位梟雄，其中一次訪問在森林中一個軍事基地裡的大帳篷內進行，同時在場的還有他的弟弟勞爾（即後來繼任國家領導者），以及一位前蘇聯領導人的兒子。記者親眼見識到他的絕佳胃口，他首先以酸奶作為開胃菜，並且是以刺刀來吃！之後，還有生菜沙拉、番茄、芋頭、火腿、炸雞、米飯、富富、夾心餅乾，那晚的主菜是 lechon asado，一種配以古巴式辣汁 mojo 的古巴烤乳豬，卡斯楚吃了滿滿的一碟！夠多吧？還未算，原來還有一串免翁牛柳（filet mignon），卡斯楚以刀切下牛肉啖之。

卡斯楚不愧為老饕，不單胃口極好，也極為開放，根據他的親密戰友西莉亞·桑切斯（Celia Sánchez）透露，就連我曾經以為只有中國人才敢食的龜，他也一樣敢吃，當然他吃的不是香港流行吃的龜苓膏，而是一種龜湯，但已經足夠讓不少人瞠目結舌。

老子曾說過：「治大國，若烹小鮮」，但真正把廚藝與治國集於一身的，除了越南的胡志明之外，還有卡斯楚。

其實早於一九五三年革命失敗（即是他在受審時發表了著名辯詞「歷史將宣判我無罪」那一次）被囚時，他便以下廚為樂。例如，當家人給他送來一小塊火腿時，他便興致勃勃，以在獄中獲配給的糖水鳳梨片，來配火腿一起吃，還得意洋洋的寫信告訴一位好友。到了獲釋後流亡至墨西哥，他甚至當了這群革命同志的廚師，常常為大家煮三餐，弄些米飯、義大利麵條、雜豆等。在一九五五年的平安夜，還請來革命夥伴切·格瓦拉及其新婚太太，一起慶祝，並由他親自下廚做聖誕大餐，吃古巴傳統聖誕菜式──烤豬。

他就是這樣喜歡下廚，並崇尚以簡單烹調方法，來處理新鮮食材，重點是吃出食物的原味。他甚至喜歡親自教旁人如何烹飪，有人形容，如果你在下廚時，碰巧卡斯楚經過，絕對不會是一件樂事，因為他會不厭其煩地，對你的每個烹飪細節都指指點點。

舉個例，他曾教人如何烹煮龍蝦，說切忌以熱水水煮，那是暴殄天物，他說：「烹

煮龍蝦或蝦時，切忌煮得過熟，……在烤箱內烘焙龍蝦，只需十一分鐘，但如果在炭火上直接烤，那就更只需六分鐘即可。只需為龍蝦塗上奶油、蒜蓉、檸檬汁便可。好吃的食物，往往也是簡單的食物。」

有一次，他更批評太太不懂得以正確方式來煮香蕉，太太忍不住反唇相譏，問他有否事情是不懂的？他反詰說，那的確是很少；又有一次，當他朋友太太拒絕聽他意見，以羊排沾麵包屑來煎炸，反而以炭火烤時，他為此而生氣。

下廚，永遠是卡斯楚樂此不疲的話題。他的女兒回憶，父親因為國事繁忙，因此與自己相處的時間並不多，但卻往往花時間與她談論如何下廚，例如如何以慢火來烤南瓜子，讓瓜子裡的肉慢慢爆出。

他甚至在二○○四年，力促每位古巴婦女，都在家裡購置一個中國製造的壓力鍋，用來為家人做飯。或許，比起影星成龍，卡斯楚無疑更加適合作為中國電器產品的代言人，起碼他不會說中國的電器會爆炸。

#本文參考自費歐娜・羅斯（Fiona Ross）所著《與領袖、叛逆者、英雄及不法之徒共膳》（*Dining with Leaders, Rebels, Heroes, and Outlaws*）…以及以維多利亞・克拉克（Victoria Clark）和瑪莉沙・史考特（Melissa Scott）所著《獨裁者的餐桌》（*Dictators' Dinners*）一書。

國宴的菜單

35 — 美國國宴吃什麼

美國接待外國元首到訪，規格可分為三類，分別是：一、是國是訪問（state visit），獲最高規格接待，包括由政府領導層接機，鋪紅地毯、鳴禮炮二十一響、檢閱儀仗隊，還有國宴；二、是正式訪問（official visit），次於國是訪問，有歡迎禮儀，但沒二十一響禮炮，也不擺國宴；三、則是非正式訪問（unofficial visit），分私人訪問和工作訪問兩種，沒禮儀成分。

對於國是訪問和國宴這些禮遇，美國都比較吝嗇，只會給予盟國，或最少是政見和價值觀相同的外國元首。二〇〇六年，時任美國總統是小布希，時任中國國家主席胡錦濤訪美，便沒有這樣的禮遇，惹來中國坊間頗有微詞，但其實當時除了國宴之外，由領導層接機、紅地毯、儀仗隊，到鳴炮二十一響等，一樣都沒有少，不是真的相差很遠。

到了二〇一一年，胡錦濤再次訪美，獲時任美國總統歐巴馬高規格接待，以國宴款待。當時歐巴馬執政兩年，也只是擺過三次國宴來招待外國元首，之前兩次是印度總理和墨西哥總統，胡是第三次。

而過去這麼多年，中國領導人也只是獲美國三次以國宴款待。分別是一九七九年，美國總統卡特為時任國務院副總理鄧小平設下的國宴；一九九七年，美國總統柯林頓為時任國家主席江澤民設下的國宴；以及胡錦濤這第三次。

相信讀者更為好奇的是，究竟美國國宴又是吃些什麼呢？在這個全世界最強盛的國家，它的最高規格宴會，又會有何山珍海味呢？

我們且看看歐巴馬宴請胡錦濤的國宴菜單，當中包括哪些菜式：

沙拉：羊奶起司水果沙拉

第一道菜：緬因州龍蝦

主菜：烤牛排、配馬鈴薯、奶油菠菜

甜點：蘋果派、香草雪糕

吃慣西餐的讀者朋友，都知道這樣的中文翻譯，未必能夠讓人盡覽全貌，這裡且再附上英文原裝正版菜單：

D'Anjou Pear Salad with Farmstead Goat Cheese

Fennel, Black Walnuts, and White Balsamic

Poached Maine Lobster

Orange Glazed Carrots and Black Trumpet Mushrooms

Dumol Chardonnay "Russian River" 2008

Lemon Sorbet

Dry Aged Rib Eye with Buttermilk Crisp Onions

Double Stuffed Potatoes and Creamed Spinach

Quilceda Creek Cabernet "Columbia Valley" 2005

Old Fashioned Apple Pie with Vanilla Ice Cream

Poet's Leap Riesling "Botrytis" 2008

或許有讀者看後第一個反應就是：「就是如此？」、「西式料理三大珍味：魚子醬、松露、鵝肝，竟然連一樣都無？！」

對，美國國宴的標準，就是如此簡簡單單的四道菜。

這還罷了，看看當年小布希招待胡錦濤的菜單，就知道什麼叫做「低處未算低」了。

二〇〇六年，小布希招待胡錦濤的菜單，更只包括奶油玉米湯、薑味餃子、蘑菇比目魚、豌豆和胡蘿蔔、烤茄子萵苣、好運瓜、甜味薑和桔皮杏仁蛋糕。

是不是真的很「寒酸」？當然，大家要記得，二〇〇六年那一次不算是國宴，而且是午餐不是晚餐，又再進一步打了折扣。

況且，大家只要記得二〇一〇年，俄羅斯總統梅德韋傑夫訪美，歐巴馬不單不在白宮擺國宴，還跟他跑到街邊小店吃漢堡，就知道不要埋怨這麼多了。

那麼當年鄧小平和江澤民訪美時的國宴菜單，又是如何的呢？

有趣的是，款待中國領導人的三次國宴，菜單上都有一個共通點，那就是主菜都是牛肉。

鄧小平訪美時的國宴菜單如下：

沙拉：蔬菜沙拉、起司

第一道菜：烘焙海鮮

主菜：烤小牛肉，配印度黃米飯、花椰菜

甜點：栗子慕斯、松露巧克力

這次國是訪問還有一段有趣小插曲，白宮知道鄧小平愛吃小牛肉，幾乎每頓飯都上這道菜。以至於後來有人問他這次訪美的最大印象是什麼？鄧小平半開玩笑地說：「小牛肉啊！小牛肉！頓頓都是小牛肉！」

而江澤民訪美的國宴菜單則如下：

沙拉：蔬菜沙拉、馬鈴薯奶油凍

前菜：冰鎮龍蝦、滷汁東南瓜、龍蝦蛇蒿糊

主菜：椒鹽牛肉、馬鈴薯泥、焗蔬菜梗、蔥橘子果醬、葡萄涼菜

甜點：蜜餞生薑、蛋塔、香橙戚風蛋糕

有沒有特別怠慢中國領導人？那麼，且讓我們再看看歐巴馬款待印度總理和墨西哥總統的菜單。

二〇〇九年十一月，歐巴馬款待印度總理時的國宴菜單如下：

沙拉：馬鈴薯茄子沙拉、白宮菜園自產的芝麻菜配洋蔥籽油醋汁

第一道菜：起司配紅扁豆湯

主菜：燉馬鈴薯餃子配番茄酸辣鷹嘴豆和羊角豆；或

綠咖哩對蝦婆羅門參配燻甘藍，以及椰子印度香米飯

甜點：南瓜塔、梨子餅、時令水果

Potato and Eggplant Salad

White House Arugula With Onion Seed Vinaigrette

2008 Sauvignon Blanc, Modus Operandi, Napa Valley, California

Red Lentil Soup with Fresh Cheese

2006 Riesling, Brooks "Ara", Wilamette Valley, Oregon

Roasted Potato Dumplings With Tomato Chutney

Chick Peas and Okra

or

Green Curry Prawns

Caramelized Salsify With Smoked Collard Greens and Coconut Aged Basmati

2007 Granache, Beckmen Vineyards, Santa Ynez, California

Pumpkin Pie Tart

Pear Tatin

Whipped Cream and Caramel Sauce

Sparkling Chardonnay, Thibaut Janisson Brut, Monticello, Virginia

Petits Fours and Coffee

Cashew Brittle

Pecan Pralines

Passion Fruit and Vanilla Gelees

Chocolate-Dipped Fruit

這次國宴出動了歐巴馬夫人蜜雪兒在白宮親自栽種的芝麻菜做前菜，但最特別的，是美國國宴首次以咖哩作菜，主菜是綠咖哩明蝦，但因為印度總理辛格是素食者，所以主人家亦提供了另一道主菜，就是燉馬鈴薯餃配印度式番茄酸辣醬，還有印度椰香飯。

雖說主人家十分體貼，但說到底，也只是一些十分普通的菜式而已。

我們再看看繼任的川普，他首次辦的國宴，招待的是法國總統馬克宏。

那麼比較起前任總統歐巴馬，川普這次國宴又有何特色呢？

首先是規模小，不像前任要在白宮南草坪架起大帳篷招待幾百人的大排筵席，而是只在國宴廳招待一百二十三人，原因是川普貫徹自己的「四面樹敵，八面威風」本色，幾乎完全沒有邀請民主黨人以及記者赴會。

那麼，川普又有否把自己作風貫徹到底，請國賓吃自己的心頭好牛排、健怡可樂（Diet Coke），甚至漢堡？

答案又未至於，其實傳統上，國宴是由第一夫人負責，從會場布置、菜式選擇、座位安排到餘興節目，幾乎都由第一夫人的團隊一手包辦，所以反映的，與其說是總統個人，不如說是第一夫人的特色與風格。

那麼這次國宴菜單又有何特色？

首先，與川普身形不符，國宴菜單不算十分豐盛，只有三道菜，比起歐巴馬還要少一道。歐巴馬的國宴菜單通常有四道菜：沙拉、海鮮、肉類、甜品，例如前述宴請胡錦濤那次。

其實，川普在上任之初於佛羅里達州海湖莊園宴請習近平（被稱為「莊園外交」，並非國是訪問，擺的也不是國宴），也只是凱撒沙拉、香煎比目魚或牛排二擇一、巧克力蛋糕配三色雪酪，共三道菜，所以這次國宴也是三道菜，並不讓人意外。

那麼，這次三道菜又吃些什麼呢？答案是沒有川普最喜愛的牛肉，有讀者或許會感到意外，但無它，國宴這件事，菜式多數是迎合客人而非主人家的口味和喜好，以顯示主人家的好客友善姿態，只不過，川普愛講「America First」，若然離經叛道也並不出奇。

這次國宴的三道菜式分別是：

前菜：羊奶蛋糕，配番茄醬、奶油碎餅乾、生菜（Goat Cheese Gateau, Tomato Jam, Buttermilk Biscuit Crumbles, Young Variegated Lettuces）

主菜：嫩羊肋排，配蘇比絲醬及卡羅來納州黃金稻米雜錦飯（Rack of Spring Lamb, Burnt Cipollini Soubise, Carolina Gold Rice Jambalaya）

甜品：油桃塔，配法式酸奶油雪糕（Nectarine Tarts, Crème Fraîche Ice Cream）

白宮稱，這是一張揉合美國優秀飲食傳統及法國特色的菜單。那麼，法國特色又從何說起呢？

首先，羊肋排歐美皆宜，但蘇比絲醬則是一法式醬料，以法國人最喜愛的奶油，再加鮮奶油和洋蔥泡製；其次，甜品不是川普最愛的巧克力蛋糕，而是果塔配雪糕，那是法式吃法，且配的是法式酸奶油雪糕；至於酒就更加明顯，餐白酒 Chardonnay 以法國葡萄再在法國橡木桶於美國俄勒岡州釀製，餐紅酒 Pinot Noir 更以「法國靈魂，奧勒岡州土壤」（French soul, Oregon soil）作為宣傳口號。

所以，上述這些酒食也可以說是象徵美法兩國友好。

最後，再看拜登，湊巧的是，他首次辦的國宴，也是招待馬克宏。

這次國宴的四道菜式分別是：

第一道菜：奶油水煮龍蝦、配美國魚子醬和南瓜義大利餃（Butter poached Lobster, American Osetra Caviar, Delicata Squash Ravioli）

主菜：牛肉，配紅蔥柑橘醬、奶油馬鈴薯、菊芋、奶油西洋菜（Calotte of Beef, Shallot Marmalade, Triple-cooked Butter Potatoes, Sunchokes, Creamed Watercress）

乳酪：美國手工乳酪（American Artisanal Cheese）

甜品：香橙戚風蛋糕，配烤梨及法式酸奶油雪糕（Orange Chiffon Cake, Roasted Pears and Creme Fraiche Ice Cream.）

這張菜單，跟以上幾張比較，無疑是最豪華的一張，不單有魚子醬，而每道菜的食物種類亦特別豐盛。

另外，此菜單亦同樣富有法國特色，最明顯是把當中一道菜，由慣常的蔬菜沙拉，改作乳酪拼盤，眾所周知，法國人是吃乳酪長大的民族；而牛肉配的醬料裡的紅蔥，亦常見於法式料理；至於甜品，配的也是法式酸奶油雪糕。

36 — 美國國宴的禮儀

上篇和讀者一起看過幾張美國國宴菜單，說到食物實在尋常普通不過。

其實這也難怪，美國國宴菜餚的標準，通常把預算定在每人五十至一百美元之間，而且食材也盡量揀當地百姓日常能夠吃到的。畢竟在民主政治之下，政府領導人總不能授人以話柄，說帶頭掀起奢侈之風。

但雖然食物普通，卻不代表可以粗心大意，否則隨時會釀成一場政治災難。舉個例，有一次老布希宴請墨西哥總統，廚房為每個甜品上都擺著一個杏仁糖雕像裝飾，那是一個戴寬邊帽的墨西哥人，問題是——他竟然看似是跪著！幸好最後一刻被白宮禮賓長約瑟夫・李德（Joseph Reed）發現，立即在廚房通通拿走，才不致引發一場傳媒炒作，以至一場政治風波。

那麼國宴的隆重和體面，又在何處體現呢？

白宮於一九二八年設立禮賓長一職，這位美國史上首位禮賓長（Chief of Protocol），曾先後在胡佛和羅斯福兩位總統任內擔任此職的詹姆斯・鄧恩（James

Dunn），曾親自為國宴定下規矩：

那得由總統和第一夫人在北門廊（North Portico），也即是白宮的正門，迎候外國元首及其配偶，然後引領他們步上樓梯，前往二樓的黃色橢圓廳（Yellow Oval Room），先來個雞尾酒小酌。與此同時，其他賓客們則來到一樓的外交接待室（Diplomatic Reception Room），在那裡由侍從武官介紹給媒體，然後再被送到東廳（East Room）的雞尾酒會。待所有人到齊之後，主人家和國賓，就會沿著大階梯（Grand Staircase），在眾人的掌聲中，從二樓步下一樓，步進入口大禮堂（Entrance Hall），由海軍樂隊擺好陣勢，演奏《向長官致敬》（Hail to the Chief）一曲及來訪國的國歌，以示歡迎。待主人家和國賓在藍廳（Blue Room）與來賓一一寒暄之後，便引領眾人前往國宴廳（State Dining Room）。如上篇所述，國宴通常是四道菜，而宴會中最隆重的部分，就是總統及來訪元首互相祝酒。飯後在東廳有演出，有時還可能有舞會，視乎總統和主賓的愛好而定。

不要小看這些繁文縟節。一九九三年，南韓總統金泳三訪美，柯林頓為他擺下晚宴

款待，當時便鬧出過這究竟是否國宴的疑雲和爭議。事源當時在白宮北門廊迎接金泳三夫婦的，是白宮禮賓長莫莉・萊瑟（Molly Raiser），而非柯林頓夫婦。這位禮賓長把兩位國賓引領到黃色橢圓廳，柯林頓夫婦在那裡迎接。雖然柯林頓在晚宴向金泳三祝酒時，說這是他倆夫婦在白官擺下的第一度國宴（the first state dinner we've had at the White House），但就是因為缺少了兩人在北門廊迎接那個環節，於是被議論這究竟是國是訪問（state visit），還是官式訪問（official visit），當中種種的微妙分別，看來當時新官上任的柯林頓，還是說也說不清。

但也有一些環節是可以改動的，例如，說是國宴在國宴廳擺，但以二〇〇九年歐巴馬款待印度總理辛格的那次國宴為例，便曾移師前往南草坪（South Lawn）上所搭建的帳篷內擺，原因是印度人經常在帳篷內慶祝，白宮希望可以藉此拉近雙方的距離。

而柯林頓是另一位愛在南草坪上的帳篷內擺國宴之總統，原因之一是每次他款待的來賓都很多，因而只能容下約一四〇人左右的國宴廳面積便不夠大，他甚至試過創下一次國宴邀請達七〇〇名來賓的紀錄，盡管外界批評他是借此回饋民主黨的政治捐獻者。

曾當柯林頓的另一大特色，就是冠蓋雲集，賓客如雲。

曾當柯林頓第二屆總統任期內禮賓長一職的瑪麗・梅爾・弗倫奇（Mary Mel

French），便曾說過：

「如果你有幸獲邀出席國宴，只有四個理由你可以作出婉拒：一是有家人辭世；二是自己身患重疾；三是碰上婚嫁迎娶；四是你有要事得離開首都華盛頓。除此之外，你都得接受這份榮耀，不能以其他理由缺席晚宴，不管是哪位總統在位。因為這不是你對個別人士喜惡的問題，而是關乎一個體制。」

但也有內幕人士透露，當年隨著伊拉克戰事惡化，小布希政府變得神憎鬼厭，國宴時邀請來賓，竟然有大約三分之一婉拒前來。

但無論如何，以款待胡錦濤那次國宴而言，據報導說「入場券」一票難求，白宮當日公布了二二五人的賓客名單，包括美國政、商、文化界的頂尖人物。政界包括國務卿希拉蕊、其丈夫前總統柯林頓，前總統卡特、前國務卿基辛格、能源部長朱棣文、商務部長駱家輝等；商界則包括微軟、通用、可口可樂、波音等公司的CEO；與中國有關的人士，則包括影星成龍、美國著名設計師王薇薇、華裔滑冰運動員關穎珊等。

在國宴上，不用說，來賓都會悉心打扮。而第一夫人的衣著，則更是所有人目光的焦點，那不止是雍容華貴，還充滿外交、政治意涵。例如，款待胡錦濤的那次國宴，蜜雪兒穿的是一套大紅禮服，那明顯是一種迎合中國的顏色，在中國，紅色代表吉祥。

在歐巴馬款待印度總理辛格的那次國宴上，蜜雪兒身穿的則是由印度裔設計師 Naeem Khan 所設計的華麗晚禮服，那件米黃色長裙將傳統印度紗與現代晚裝的特色相結合，點綴的銀色亮片在燈光映照下閃亮動人，盡顯蜜雪兒高貴典雅氣質。設計師在接受媒體訪問時說，他希望讓第一夫人穿上有印度風情、高貴、簡約，但非常光彩奪目的服裝。

第一夫人在國宴中的角色，不限於只是一個衣架，她其實甚至是主角。傳統上，她是整場國宴的策劃人，得親自處理嘉賓名單、菜單、餐桌布置，以及表演節目等。

處理這些細節一點也不簡單，可謂費盡心思，勞心勞力。有關菜單、衣著等的政治意涵以及可能引發的解讀，前面已經提過，這裡再談一些有趣的逸聞。

尼克遜任內，有一次國宴後，當時還是獨身的國家安全顧問基辛格就撒野，投訴說竟然安排他坐在一名九十八歲的沒牙老太太旁邊，工作人員解釋以他的身分，必須坐在有身分的人旁邊，而那位老太婆是蘇聯外交部長的太太，但基辛格還是依舊鬧著說：「我知道原因！你們要把那些漂亮的女間諜跟我分開！」從此主人家便得費心，在編排座位時，安排他坐在最漂亮的女賓身旁，如果事先不知道哪位最漂亮，當臨場發現人選時，

就告訴侍從臨時改一下座次。

款待胡錦濤的那次國宴，基辛格這位締造中美建交的功臣，也是座上客之一，不知道身邊又是坐著什麼人呢？下次不如考慮一下那位曾經紅透半邊天的俄羅斯女間諜安娜・查普曼（Anna Chapman）？

＃本文部分參考自鮑白・科拉塞洛（Bob Colacello）於二〇一〇年六月在《名利場》（Vanity Fair）所撰寫〈白宮的晚餐舞台〉（The White House's Dinner Theater）一文。

37一英皇登基宴與英國國宴今昔

英皇查爾斯三世登基，自然想做到舉國歡騰，與眾同樂。所謂「民以食為天」，慶祝自然少不了飲飲食食，就連出名對吃不講究的英國也不例外。七十年前，英女皇伊莉莎白二世加冕，創出一道名菜「加冕雞」（Coronation Chicken），供大家邊吃邊慶祝，那麼，今次查爾斯三世加冕，又有什麼主題食品呢？答案是「加冕餡餅」（Coronation Quiche）。

話說，一九五三年女皇加冕，適逢戰後物資依然短缺，為了節儉，廚師創出加冕雞這道簡單菜式，把雞肉切粒煮熟，再加淡咖哩粉及其它香料和調味品，再混入蛋黃醬，便告完成。它用咖哩與香料，讓人想起印度，從而憶起「日不落國」殖民地遍布全球的美好時光。

查爾斯提倡儉樸，夫婦倆愛吃蔬果，尤其是有機和自家農場所種出來的，被稱為「綠色英皇」（Green King）。這款加冕餡餅是由他夫婦親自挑選出來的，餡料不含肉類，有菠菜、蠶豆、龍蒿，再以蛋汁混合，可熱食或凍食，延續了加冕雞那簡單、便宜的原則，

又符合查爾斯環保和素食的宗旨。

加冕餡餅等食物是供應給普通來賓，但如果你是國賓，出席的當然不會是一般慶祝派對，而是冠蓋雲集、衣香鬢影的國宴，那麼又有什麼吃呢？答案是共有四道菜，分別是：茄子、羊肋排、玉米餅，及乳脂蛋糕杯。

第一道菜是茄子，名為 Coronation Aubergine，由英國ＢＢＣ電視名廚，孟加拉裔的娜迪婭．海珊（Nadiya Hussain）所創。有分析，這道菜有三重深意，首先，它是啟發自孟加拉菜，同樣突出了「日不落國」殖民地遍布全球這歷史；其次，它的醬汁以咖哩粉，加入酸奶奶來做，那是向當年的加冕雞承傳和致敬；最後，當年女王登基宴以肉食為主，為反映近年英國人的素食潮流，遂決定把茄子獨立成為一道菜式，而非配菜。

第二道菜是羊肋排，名為 Coronation Roast Rack of Lamb，由華裔名廚譚榮輝所創。英國國宴和王室宴會的主菜通常是羊肉，今次也不例外，但卻在醃料上加入了亞洲特色，如使用了生抽、老抽、麻油、和芝麻。

第三道菜是炸玉米餅，名為 Prawn Tacos with Pineapple Salsa，由英國名廚格雷格．華萊士（Gregg Wallace）所創。炸玉米餅當然是墨西哥菜，而莎莎醬也是著名的墨西哥蔬果醬料，而今次炸玉米餅以蝦仁作為餡料。

最後一道菜是甜品，名為 Straw and Ginger Trifle，由英國名廚亞當‧漢德勒（Adam Handling）所創，是草莓果凍乳脂蛋糕杯，那是傳統英式甜品。

四道菜，有葷有素，有英國、亞洲、孟加拉、墨西哥特色；四個廚師，有男有女，有英裔、華裔、孟加拉裔，既彰顯多元文化，亦承傳傳統，也符合當今政治正確潮流，這就是英國皇室的四平八穩之心思。

有朋友看了後大失所望，說堂堂一國之君登基，竟然只有四道菜，且更是茄子、羊肋排、蝦仁玉米餅、草莓乳脂蛋糕杯，是不是太過寒酸，英國真的是一派帝國斜陽了。

其實，在民主化大潮，以及健康飲食趨勢下，如今歐美各國的國宴都崇尚儉樸和精簡，通常只有三至四道菜，即使是超級強國美國也不例外。所以，今次英皇加冕宴吃四道菜，其實是頗為標準，只不過菜式又真的是再儉樸了些。

以故英女皇在白金漢宮擺國宴，四道菜標準組合，通常是魚、羊、甜品、水果，當然今次查爾斯三世登基宴，就連魚都沒有。

以下是二〇〇七年，英女皇在白金漢宮設宴的一份國宴菜單，當中有四道菜：

一、皇家龍脷魚柳卷

二、羔羊卷，配以豆類、馬鈴薯、花椰菜、沙拉

三、巧克力餅

四、水果

又例如二〇〇八年三月二十六日，女皇在溫莎堡擺設國宴，款待法國總統薩科齊。這是女皇所設下的第九十七次國宴，當中共有一五八位賓客。國宴菜單共有四道菜，包括：

一、鰈魚柳

二、羊肉片，伴以洋薊、蠶豆、胡蘿蔔、花椰菜、馬鈴薯

三、大黃餡餅，配以香草鮮奶油

四、水果甜點

相信讀者看到之後的第一個反應：「就是如此？但那是皇室呀？」

對，就是如此，簡簡單單的四道菜。看來時至今天，皇室盛宴，除了排場之外，菜

式也真的沒有什麼稀奇，對於我們港人來說，最要緊是吃得好不好，吃得多不多。所以，皇室盛宴，也不是如何值得令人羨慕和嚮往。

二○一五年，中國國家主席習近平訪英，英女皇以極高規格接待，甚至出動到金馬車，一起乘坐金馬車到白金漢宮，但國宴也一樣是四道菜，包括：

一、西海岸比目魚片配龍蝦慕斯

二、烤巴爾莫勒爾鹿肉配松露醬，伴燜紅捲心菜、慢燉馬鈴薯、沙拉

三、黑巧克力芒果青檸蛋糕

四、水果甜點

那麼一九五三年那次英女皇登基，當時國宴又有幾道菜？答案又確實是比今次查爾斯多，共有七道，但也不是太名貴，分別是：

加冕雞點心、賽烏龜湯（mock turtle soup）、水煮龍腩柳、羊肋排、蟹餅（crab beignet）配蘆筍、草莓甜酒果凍（strawberry and Pimm's jelly）、甜點。

要特別介紹的是賽烏龜湯，烏龜湯是傳統上英國貴族愛喝的湯品，港人或會竊笑，不要說我們吃龜苓糕殘忍，英國紳士不是一樣嗎？但近一百年，因過度捕殺烏龜，所以當地廚師改以賽烏龜湯（賽螃蟹那「賽」字的意思）來奉客，那是以牛頭肉和牛腦做出類似的質感。

另外，大家也可看到，七道菜中，一樣包括了魚和羊兩道菜，正如之前說過，英國皇室在宴會上奉客的紅肉，通常是羊，而非豬、牛，也非雞、鴨，且是皇室牧場自家飼養。

那麼，在「日不落國」那個帝國全盛時期，皇室宴會菜式又會否豐盛些？不錯，在維多利亞女皇以及繼任的愛德華七世那個年代，皇室宴會確是可以多達十二至十四道菜。

手上有張一九〇六年，愛德華七世在溫莎堡宴請挪威皇室的國宴菜單，當日便有多達十道菜，食物包括鱘魚魚子醬、番茄清湯、香魚醬、鵪鶉片、香煎燉羊腩片、春雞吐司、維多利亞式沙拉、蘆筍配醬汁、西班牙式餡餅、各式餅食、公主凍舒芙蕾等。

從中可見，英國皇室宴會，食物真的是愈吃愈儉樸，愈吃愈簡單，甚至港人也會吃得更好些，不太值得我們羨慕。

國宴吃的，永遠是排場多於食物。

舉行國宴，是英國皇室憲制角色的一部分，當一位外國元首獲邀訪英，在其接訪問的第一夜，皇室便會作出宴請，皇室成員、政府官員、社會賢達，便會與這位國賓和其外交隨員，歡聚一堂，這不單止是一種歡迎儀式，也是鞏固兩國外交關係的重要一環。

以往英女皇舉行國宴的地點，絕大多數都在白金漢宮，在其它地方次數較少，根據凱瑟琳・瓊斯（Kathryn Jones）所著《皇室餐桌：在皇宮裡用餐》（*For the Royal Table: Dining at the Palace*）一書的資料，截至二○○八年成書時，女皇只在溫莎堡舉行過十八次國宴，以及在荷里路德宮（Holyroodhouse，女皇在蘇格蘭愛丁堡的行宮）舉行過兩次。

在白金漢宮內，國宴設在宴會廳（Ballroom），當中擺放了一個馬鞍型的超長宴會桌，長二十三米，寬八・五米，長度有需要時可以調整。這個宴會廳於一八五○年由維多利亞女皇建成，並於一九一四年設下第一場宴會，由英皇喬治五世宴請丹麥皇室，菜式包括龍躪魚、鵪鶉、羊肉，以及草莓。

至於在溫莎堡，國宴則設在聖喬治大廳（St George's Hall），那裡的宴會桌更長達五十三米，能夠款待多達一六○位嘉賓，較白金漢宮更為寬敞。這裡的大廚房（Great

Kitchen）是英國現存最古老的廚房，已經侍奉過三十二位英皇。

國宴的菜單，通常在幾個月前已經定下來。先由主廚建議兩款菜單，再由女皇最後定案，兩者擇其一。

菜單以法文撰寫，因為傳統上法文被視為烹飪的語言，頂級廚師以此來溝通，即使在英國皇室的廚房，也不例外。

想知道更多有關英國國宴的有趣資料，可翻看凱瑟琳·瓊斯所著《皇室餐桌：在皇宮裡用餐》一書。此乃皇家出版系列（Royal Collection Publications）叢書其中之一，當中有大量英國皇室珍藏的珍貴照片，包括餐桌擺設、餐具、宴會廳、國宴菜單和邀請函等等，讓人目不暇給。本文所收錄兩張一九〇六年及二〇〇七年的原張英國國宴菜單內容，便是來自該書。

英國皇室婚宴

二○一一年四月，威廉王子與女友凱特（Kate Middleton）大婚，這不單成了英國，也成了全球盛事。

凱特生於平民家庭，父親曾是英航飛機師，母親曾是空中服務員，雙親後來轉為營商，經營派對用品和裝飾的郵遞服務。

其實在此四年前，王子與這位女友曾經一度傳出分手，原因頗具「階級性」。據英國傳媒採集的小道消息，是因為皇室無法接受凱特的母親米德爾頓太太，在公開場合言詞粗俗，舉止不雅，在出席威廉王子軍校畢業受閱典禮時，在一眾皇親國戚前，口嚼口香糖；初見女皇時說「Pleased to meet you」，而沒有遵循傳統禮儀說「How do you do？」據稱，她的慣常辭彙還包括「toilet」、「pardon」等上流社會避免使用的字眼。

報導刊出後，立刻遭到皇室抗議，威廉的發言人澄清說關於皇室勢利言論的報導純屬捏造，雖然兩人曾出席同樣的社交場合，女皇從未和米德爾頓太太說過話。

這場語言風波，或許真的未必可信，但有一點可以肯定的是，宮廷裡種種繁文縟節

的繁苛，以及媒體和輿論的苦苦相迫與糾纏，確實會讓出身平民百姓家的人喘不過氣來。

當年的戴安娜皇妃，便一度被迫至崩潰邊緣。

在安德魯‧莫頓（Andrew Morton）所撰寫的《戴安娜：她的真實故事》（DIANA: Her True Stories–In Her Own Words）一書中，對戴妃適應宮廷生活的艱難，有著很多細緻的描述。這本書在一九九二年出版，據說其真實性震撼了整個皇室，並煮沸了查爾斯王子和戴妃這段婚姻，最終導致兩人離婚。戴妃於一九九七年因車禍意外逝世之後，作者才肯證實，這本書內容的最重要提供者，其實就是戴妃本人，她甚至曾親自參與這本書初稿的校對工作，以確保內容正確無誤。

書中記述了，當皇室宣布兩人訂婚後，原本大家以為溫馨甜蜜，但背後卻有著不為人知的淒酸一面。

戴安娜憶述，訂婚的前夜，當她收拾行裝，離開家園，由一位蘇格場警護衛離開時，後者向她說：「我只是想讓妳知道，在妳接下來的生活當中，這是妳最後一個自由的晚上，所以且盡量享受吧！」戴安娜聽了之後一愣，第一個反應，就好像一把匕首插入心中。

她住進女皇位於倫敦的克拉倫斯宮（Clarence House），當她抵達時，赫然發現沒

有半個皇室人員出現，得自行打點一切。本以為女皇，或至少皇室人員，會在她身邊教導她宮廷禮儀，以及皇室的知識和歷史，但殘酷的事實是，她所接受的指導，被形容為比一個超級市場作業員更少。

單以穿衣為例，一方面，她要迎合皇室的品味，例如有一次，她揀了一件黑色的低胸晚禮服，原本以為黑色是萬無一失的顏色，怎料王子卻不以為然，面露不悅的說，只有參加喪禮的人才會穿黑色的；而另一方面，她還要預防那些煩人的記者，保持端莊優雅的皇室形象，例如她得在裙邊加重以防被風吹起，而記者也處處設下陷阱，例如另外一次，當她應允停下來擺好姿態讓記者拍照，條件是要讓自己儘快離開時，不料，攝影師卻從她背後打強燈，使她的棉裙看來有點透明，將她的一雙美腿展露在全世界之前，結果惹來王子的牢騷。

此外，她更擔心宮廷禮儀，例如向女皇行的屈膝禮做得不夠優雅。又試過一次，獲邀到皇室的別墅度假，她隨便坐在會客室的一張椅子上，不料卻惹來現場皇室成員異口同聲的喝止：「別坐在那裡！」讓她嚇了一跳。原來，那是維多利亞女皇的座椅。

結果，婚禮前三個月，戴安娜常常以淚洗面，體重直線下降，腰圍由訂婚時的二十九吋，瘦削至婚禮前的二十三吋半。

對於這一位原本應該青春煥發的年輕少女，旋即發現自己被困在死氣沉沉的宮廷裡，尤其是當時她已察覺到王子與卡蜜拉的曖昧關係，更加飽受困擾，讓她情緒低落到一個地步，她後來自述：「婚禮前一晚，我異常平靜，覺得自己像是一隻待宰的羔羊，明知死路一條，卻束手無策。」

我想凱特大概已經看過這本書，從戴妃身上吸取了教訓，在當皇妃前可以有著更好的心理準備。而且，吸取了教訓的，也包括皇室，據報導，威廉王子叔叔愛德華王子的妻子蘇菲（Sophie Jones），已經毛遂自薦當了凱特的私人導師，教導她王室禮節和禁忌，當中包括抗抑鬱的輔導。蘇菲同是平民出身，背景與凱特相似，但卻表現優異，是英女皇的愛媳，這也難怪，婚前她的事業是公關公司顧問。皇室不想這段婚姻再度觸礁，避免凱特像已故戴安娜皇妃一樣出現抑鬱、疏離，以及悲劇。

此外，凱特在聖安德魯大學主修藝術史，結婚時二十九歲，與威廉王子相交了八年，對傳媒與狗仔隊已經或多或少習慣；而當年戴安娜結婚時只有二十歲，與查爾斯王子拍拖只有短短一年，便得適應生命中的巨大轉變，從一個無甚自信，中學考試全部不合格的畢業生，投入一個萬千目光聚於一身的角色。而最重要最重要的是，威廉王子沒有一個卡蜜拉（但願）。

有時候雖說一入侯門深似海，但也如官場一樣，裡面的人想往外逃，外面的人卻仍然千方百計想擠進去。人生之荒謬，莫過於此。

無論如何，威廉王子與凱特大婚，總算有情人終成眷屬，實在值得世人為兩人祝福。

說回這次婚禮。這場世紀婚禮的每一個環節，自然都成了傳媒關注和報導的焦點，當中自然少不了那個世紀婚宴。

這裡，先讓我們看一看百年來的英國皇室婚宴。

相信讀者或多或少都一定有出席過婚宴，港式婚宴的菜單，由乳豬、兩（或三）熱葷、魚翅、鮑片、炸子雞、蒸魚、燉湯、飯、麵、糖水、美點雙輝、水果，隨時會上多達十四道菜！那麼，英國皇室的婚宴又如何呢？

英國皇室的婚禮，通常早上在教堂舉行，禮成之後，再以婚宴款待一眾貴賓，稱之為「wedding breakfast」。或許讀者會感到奇怪，這時候明明時間已經不早，為何不是lunch，而是 breakfast 呢？

這裡 breakfast 的意思，不是我們平常意思下的早餐，而是指婚禮儀式舉行過後的婚宴，無論那是在幾點入席，傳統上都一概稱之為 breakfast。

言歸正傳，皇室就是在午間，以這個「wedding breakfast」來宴請近六○○名包括

各國使節在內的貴賓，屬官式宴會；而到了晚上，宴會就轉為私人性質，宴請對象也轉為兩家的至愛親朋，之後還有舞會。

相信讀者或會感到好奇，究竟堂堂王子的婚宴，又會吃些什麼呢？會有何山珍海味呢？

在一個世紀以前，英國皇室的 wedding breakfast，本是十分豐盛堂皇，往往有接近十道菜式。但近年，順應民主化大趨勢下的民意和輿論，皇室亦漸趨收斂和儉樸，婚宴菜單亦因而作出精簡。

舉個例，附圖一顯示的，就是一九二三年亞伯特王子（Prince Albert），即後來登基的英皇喬治六世（King George VI），也即是英女皇的父親，與伊莉沙白‧鮑斯-萊昂（Elizabeth Bowes-Lyon）大婚時 wedding breakfast 的原張菜單，當中不計咖啡，便有多達八道菜。

再看附圖二，那是一九四七年，伊莉莎白公主出嫁時的原張菜單，她就是後來的英女皇，皇夫就是菲利普親王。那時正值二次大戰剛剛結束，國家百廢待興，因此皇室更不欲鋪張，菜式只是簡簡單單的四道。

或許有讀者會說，四道菜也不要緊，只要菜式名貴就可以。那麼這四道菜又是些什麼呢？

中國人有所謂「鮑、參、翅、肚」，英國皇室的婚宴，又會否有「西式料理三大珍味」：魚子醬、松露、鵝肝呢？

英國ＢＢＣ新聞網頁刊登了〈皇室婚禮⋯過去出現過的衣著、食物、禮物〉（*Royal wedding: What past events were like dresses, food and gifts*）一文，當中對過去一百年，英國皇室婚宴的菜單，有扼要的描述。雖然那不是完整菜單（full menu），但也可以拿來一窺輪廓：

圖一

圖二

BUCKINGHAM PALACE
THURSDAY, 20TH NOVEMBER, 1947
WEDDING BREAKFAST

Filet de Sole Mountbatten

Perdreau en Casserole
Haricots Verts   Pommes Noisette
Salade Royale

Bombe Glacée Princesse Elizabeth
Friandises

Dessert

Café

一九二三年，亞伯特王子（Prince Albert），即後來登基的英皇喬治六世（King George VI），與 Elizabeth Bowes-Lyon 結婚：

瑪麗女皇鮭魚柳、亞伯特王子羊排、伊莉莎白公爵夫人草莓

supremes de saumon Reine Mary（salmon filets），cotelettes d'agneau Prince Albert（lamb cutlets），fraises Duchesse Elizabeth（strawberries）

一九四七年，伊莉莎白公主（Princess Elizabeth）（即後來的英女皇），與菲利普（Philip Mountbatten）結婚：

蒙巴頓龍腩魚柳、砂鍋鷓鴣、伊莉莎白公主雪糕

filet de sole Mountbatten, perdreau en casserole（partridge），bombe glacee Princess Elizabeth

一九六〇年，瑪格麗特公主（Princess Margaret），即英女皇的妹妹，與 Antony Armstrong-Jones（Lord Snowdon）結婚：

公主牛排、青豆、舒芙蕾

filet de boeuf Princesse, haricot vert, souffle surprise Montmorency

一九七三年，安妮公主（Princess Anne），即英女皇的二女兒，與 Mark Phillips 結婚⋯

龍蝦、鷓鴣、豌豆、薄荷雪糕

lobster, partridge, fresh peas, peppermint ice cream

一九八一年，查爾斯王子（Prince Charles），即英女皇的大兒子，與戴安娜（Diana Spencer）結婚⋯

鰈魚丸龍蝦汁、查爾斯王子釀雞胸、草莓伴康沃爾鮮奶油

quenelle of brill in lobster sauce, Princess of Wales chicken（chicken breast stuffed with lamb mousse），strawberries with Cornish cream

一九八六年，安德魯王子（Prince Andrew），即英女皇的三兒子，與莎拉（Sarah Ferguson）結婚⋯

一種內有蛋／龍蝦／蝦／蛋黃醬的蘇格蘭特色菜、羊排薄荷汁、草莓伴鮮奶油

Eggs Drumkilbo（hard-boiled egg moulded with lobster, prawns and mayonnaise — the Queen Mother's favourite），lamb with mint sauce, strawberries and cream

一九九九年，愛德華王子（Prince Edward），即英女皇的小兒子，與蘇菲（Sophie Rhys-Jones）結婚：

這是皇室婚宴第一次採用自助餐形式，顯示兩人隨和、平民化的一面。菜式包括俄式牛柳絲、煙鱈魚酥餅、覆盆莓伴鮮奶油

buffet of beef stroganoff, smoked haddock in pastry, raspberries and cream

二〇〇五年，查爾斯王子（Prince Charles）與卡蜜拉（Camilla Parker Bowles）因為這次再婚不被皇室和公眾輿論所認可，兩人只是低調的在社區會堂註冊結婚，之後吃的也只是簡單茶點，包括雞蛋水芹三明治、康沃爾鮮奶油小酥餅、水果蛋糕

traditional tea, including egg and cress sandwiches, mini Cornish pasties and boiled fruit cake

如果大家細心觀察的話，會看到這些皇室婚宴菜單的一些特色，例如早年，菜單中往往有以新郎、新娘名字命名的菜式。例如一九二三年亞伯特王子大婚時，有以他命名的羊排，及以新娘命名字命名的菜式。一九四七年伊莉莎白公主大婚時，有以她命名的雪糕，及以新郎命名的龍脷魚柳；一九八一年查爾斯王子大婚時，有以他命名的雞肉。

至於今次威廉王子大婚，婚宴菜單又是什麼？

今次 wedding breakfast，再不是「精心製作的多道菜式盛宴」（elaborate multi-course meal），而是改了以自助方式進行，奉客的也不是一道又一道的菜式，而是由英女皇親自挑選，琳瑯滿目的小點（canapes），包括：

蟹肉沙拉、鴨肉糜糕、山羊起司核桃捲、法國蝴蝶酥、起司條、蘇格蘭煙燻鮭魚、西洋菜蘆筍塔、鵪鶉蛋、水煮蘆筍、蘑菇芹菜酥、油封羊肩伴馬鈴薯花椰菜餅、蘇格蘭海螯蝦、蜜烤香腸、煙燻魚餅伴酪梨綠豆蓉、燒牛肉伴約克布丁、法式歌劇院蛋糕、血橙法式軟糖、覆盆莓法式費南雪小蛋糕、大黃焦糖燉蛋塔、百香果果仁糖。

詳細菜單如下：

- Cornish Crab Salad on Lemon Blini
- Pressed Duck Terrine with Fruit Chutney
- Roulade of Goats Cheese with Caramelised Walnuts
- Assortment of Palmiers and Cheese Straws
- Scottish Smoked Salmon Rose on Beetroot Blini
- Miniature Watercress and Asparagus Tart
- Poached Asparagus spears with Hollandaise Sauce for Dipping
- Quails Eggs with Celery Salt
- Scottish Langoustines with Lemon Mayonnaise Pressed Confit of Pork Belly with Crayfish and Crackling
- Wild Mushroom and Celeriac Chausson
- Bubble and Squeak with Confit Shoulder of Lamb
- Grain Mustard and honey-glazed Chipolatas
- Smoked Haddock Fishcake with Pea Guacamole
- Miniature Yorkshire Pudding with Roast Fillet of Beef and Horseradish Mousse
- Gateau Opera Cake
- Blood Orange Pate de Fruit
- Raspberry Financier
- Rhubarb Crème Brulee Tartlet
- Passion Fruit Praline

39 亞洲國家的國宴

說過美國和英國的國宴，讀者可能會問，亞洲又是怎樣？在《大人們的餐桌》的第二部「中華篇」，有專門章節談到台灣和中國，這裡就談談亞洲其它地方的例子。我們且以二○一七年美國總統川普上任後首個亞洲之行作為例子。

這次亞洲之行，川普出訪日本、韓國、中國、越南、菲律賓亞洲五國，東道主都隆重其事，以國宴招待這位貴客。但想不到，最有話題性的，竟然是韓國的那一張國宴菜單，甚至為此惹來一場外交小風波。

菜單上有五道菜，分別是：

一、玉米粥

二、烤比目魚

三、石頭鍋飯配大蝦

四、烤牛肋骨

五、巧克力餅

主人家其實費盡心思去討好客人，例如知道川普最愛吃牛，在此之前一站訪日，日本連日奉上牛肉盛宴，如先吃美國牛肉漢堡，再吃「但馬牛」，最後吃「佐賀牛」，韓國亦不甘示弱，一樣以韓國牛來宴客，而牛肉以一六五七年釀造的珍貴陳年醬油來烹製，而一六五七年正是美國獨立宣言起草人富蘭克林（Benjamin Franklin）的父親出生年分。

至於比目魚，也是川普愛吃，且這次國宴用上的比目魚，出產自韓國總統文在寅的故鄉巨濟島，特別有意思。

這樣看來一切都很好，那麼為何又會引起爭議呢？

原來前面提到的石頭鍋飯配大蝦，當中的大蝦，在菜單上寫明，是來自韓國與日本有主權爭議的獨島（日本稱竹島）水域！晚宴又邀請了前慰安婦出席，擺明是要向日本施以顏色。

日本內閣官房長官菅義偉便對此表示「不能接受」，認為南韓應避免做一些對美日韓三方合作不利的事情。

看來，韓國人的政治，連吃飯這個場合也不會放過。

其實六年前，時任韓國總統李明博，到美國訪問並出席國宴，也因國宴菜單而鬧過

不快。

話說，當時雖說美方以第一夫人蜜雪兒在白宮親自栽種的蔬菜來宴客，務求賓主盡歡，但效果卻適得其反。當晚國宴主要有三道菜，第一道菜是南瓜粥；但從第二道菜便開始出現問題，那是鋪上紅色蝦卵或魚卵（masago）的米飯，類似港人熟悉的「加州卷」，有人會視作日式壽司的一種，而更出問題的是，配菜是蘿蔔沙拉，但菜單上居然用日語發音的「daikon」（大根）來標記，而不是用英文「white radish」（白蘿蔔）；更糟的是，第三道菜雖然是美國德州烤牛排，但不知何故，白宮竟將其寫成「wagyu」（和牛）（即日本最高級的牛肉），就連配菜南瓜也寫成日語名稱的韓語發音「kabocya」。

這張菜單，不單出現了疑似日本菜（壽司），就連菜單上也有意無意地使用日文發音，彷彿是把李明博當成日本人，而日本卻是韓國的世仇。事後，韓國傳媒批評這是外交上的失禮，傷害了韓國人的自尊心，並說，相信從第二道菜開始，韓國客人的心情就已經很糟糕。

從以上兩個例子可見，韓國人對餐桌上的政治真的十分敏感和在意，下次當大家有機會宴請韓國朋友時，要小心在意。

川普的第三站是中國，當時兩國貿易戰仍未爆發，習近平明顯想討好這位貴客，所

以接待規格之高，屬以往罕見。當時中國駐美大使崔天凱更表示，中方是以「國是訪問＋」的規格來接待川普。於是，除了檢閱儀仗隊、正式會談、舉辦國宴等指定動作之外，還有一些特殊安排。除了白天參觀故宮，這個一向被中方視為「壓倉」的項目之外，晚上更在故宮設宴款待，這是一個獨一無二的尊貴安排，自一九四九年中共立國以來，這是唯一一次中國領導人邀請外國元首在故宮晚宴。有人更索性把這一套比喻為「皇帝級」的款待。

這次接待規格明顯超越二〇〇九年另一位美國總統歐巴馬訪華，想到川普一向視歐巴馬為死敵，相信中方今次的做法，大有可能是要借此恭維及討好川普。

如果今次中方接待規格是如此高，那麼在這場中國國宴中又以什麼尊貴菜式來款待川普呢？答案如下：

冷盤
椰香雞豆花
奶汁焗海鮮
宮保雞丁

番茄牛肉

上湯鮮蔬

水煮東星斑

點心

水果冰淇淋

咖啡或茶

不計冷盤、點心、甜點，這次國宴有五菜一湯，且菜式非常普通，不少人看到後大表失望。當然，中國國宴不是滿漢全席，不會三天六宴，三百多款菜式，但比起大家平常去的結婚喜宴，動輒有十多道菜式，這次國宴菜式實在簡約和普通。

中國人不是說「有朋自遠方來，不亦樂乎」的嗎？這樣的菜式陣容是否有點「寒酸」呢？答案是另有原因的，當然不是為了預見到中美會爆發貿易戰，要藉此冷落對方，要給對方臉色好看，而是國家領導要帶頭節約，避免帶起奢靡浪費之風。所以，四菜一湯，甚至三菜一湯是如今中國國宴的常規，招待川普用上五菜一湯，已經算得上格外豐盛了。

川普的第四站是越南。

若論香港人最喜歡吃的亞洲料理，相信頭三位應該是日本菜、泰國菜，以及越南菜。

就越南料理而言，大家最熟悉、吃得最多的莫如是牛肉湯粉、炸春卷、粉卷、米紙卷、蔗蝦、牛柳粒等菜式，這些也都是我十分喜愛的食物，但我也常常想，如果要再吃得高級一點，那麼越南料理又會有哪些菜式可以吃呢？

這次越南以國宴款待川普，正好讓我有機會一窺究竟。

原來該晚國宴總共有七道菜式，分別如下：

第一道　　麻油雜菜沙拉

第二道　　肉鬆粉卷

第三道　　酥炸干貝

第四道　　鮮蝦蛋卷

第五道　　海鮮魚翅湯

第六道　　煎鱈魚配奶油檸檬汁

第七道　　蓮子蘑菇雞卷

究竟這些菜式有何特別呢？

前菜有肉鬆粉卷，粉卷是越南北部的小吃，較著名的有首都河內南部清池（Thanh Trì）所出產的，國宴菜單上也標明今次奉客的就是清池粉卷。

湯品是海鮮魚翅湯，原來越南人也會以魚翅作為名貴菜式，但與我們不同，通常我們以雞和火腿來煨湯燉翅，這次他們上的卻是以魚肚、鮮蝦、干貝等來入饌的魚翅湯。

菜式中有一道是煎鱈魚配奶油檸檬汁，這道菜看來就是法國料理，但其實也絕不出奇，越南作為法國前殖民地，法國料理自然也會融入當地料理之中，就如我們到當地旅遊，常常會吃到越式法國麵包，兼且當地高級酒店內設的餐廳，往往是法國料理餐廳。

至於壓軸的雞卷，以東濤雞入饌，這種雞以其巨大的雞腳著稱，因其肉質鮮美，在越南被視為一種美食。

整體而言，這次國宴主打的是海鮮。

川普喜歡吃牛肉，可謂人盡皆知。因此這次亞洲之行，日本、韓國、中國、菲律賓四國都投其所好，以上等牛肉招待。日本先來一頓漢堡午宴，再來一頓鐵板燒晚宴，最後在國宴又奉上和牛牛蒡卷；韓國則在國宴奉上烤牛肋骨；而菲律賓則在歡迎晚宴（菲

國宴）奉上以柑桔醬油醃製的烤美國安格斯牛肉；至於中國則在國宴奉上番茄牛肉。

想不到，只有越南，國宴桌上卻沒有牛肉。其實越南也有風行全球的牛肉菜式，那就是牛肉湯粉，很多香港人也愛吃，但今次越南卻沒有拿出來奉客。

最後一提，有一點文化上的差異，就是越南國宴當晚共有七道菜，這對於中國人來說是一種忌諱，七這數字和喪禮有關，意頭不好。當我與雙親和家人一起出外吃飯，都一定避免叫七道菜，通常寧願多叫一道，怕雙親不喜歡。看來越南人就沒有這個禁忌了。

川普的最後一站是菲律賓。

香港人很多家裡都僱有外傭，當中不少來自菲律賓，雖然如此，大家多會對菲傭先作培訓，並要她們煮飯時煮中國菜，絕少會叫她們煮菲律賓菜，怕不合胃口。因此，雖然大家或許家中有菲傭，但還是對菲律賓菜沒有什麼印象。

菲律賓其實曾經歷了西班牙三百年的殖民統治，所以其飲食也見得到西班牙料理的特色。

例如他們在大時大節及隆重場合會吃原隻烤乳豬（lechón）這道名菜，而 lechón 這個名稱便是源於西班牙字「leche」，即「乳」的意思。而原隻烤乳豬，恰巧正是西班牙的名菜，例如該國塞哥維亞（Segovia）這個地方，便以烤乳豬享負盛名，我也曾親身在

那裡嚐過。

菲律賓另一普及平民菜式就是 tapa，這更是與西班牙的 tapa 同名，但就沒有後者般多姿多采，只不過是烤醃肉塊（豬、牛、羊，甚至馬肉皆可），再加上煎蛋和蔬菜來伴飯，反而較似港人中午在餐廳吃的「碟頭飯」。

菲律賓菜的一大特色就是它的甜酸口味。例如它的「國湯」sinigang 就是一種酸湯，以肉末加入了羅望子（tamarind）來煮湯，酸味相當之重，外國人未必習慣。另一國民料理 adobo，那亦是源自西班牙文，即調味或醃漬的意思，是把豬肉、雞肉等以醋及醬油來泡製，一樣是酸鹹口味。

另外，菲律賓跟中國，以及其它東南亞國家如泰國和越南等一樣，愛吃春卷，當地稱為 lumpia。

川普訪問菲律賓，該國總統杜特蒂以隆重晚宴款待，那麼當晚宴會桌上又有否上述這些國民料理呢？讓我們看看。

該晚共有五道菜，分別如下：

第一道　棕櫚芯馬拉巴菠菜沙拉

第二道　酸紅鯛魚味噌湯

第三道　柑桔醬油醃製的烤美國安格斯沙朗牛肉伴飯和焦糖洋蔥圈

第四道　炭烤鱸魚配芒果番茄汁

第五道　菲式焦糖布丁

頭盤是沙拉，以羅望子和醋來調製醬汁，但大家可能沒有想過，這道沙拉可能是全晚最名貴的菜式，因為它用上非常珍貴的棕櫚芯，它甚至被稱為「蔬菜之王」，見於法國等西式豪華大餐之中。

至於湯品，今次奉客的湯也是酸湯，但卻是「國湯」sinigang 的進階版，以紅鯛魚來取代那些「下欄」（次等）肉末。

至於主菜，正如之前提過，川普喜歡吃牛肉，因此亞洲之行除了越南之外，其餘四國都投其所好以牛肉款待，今次菲律賓奉客的也是沙朗牛肉，而非「國食」烤乳豬，但

卻也以地道的柑桔醬油來醃製，加入本地口味。

至於烤魚，那是以當地盛產的芒果來製汁。

總的來說，這次晚宴一大特色，就是貫穿不同菜式，典型菲律賓的甜酸口味。

40 日皇登基宴

二〇一九年十月二十二日，日皇德仁宣告即位，晚上日皇夫婦在宮內舉行「饗宴之儀」，款待四方來賓。

香港人愛吃日本菜，由生魚片、壽司、天婦羅、鐵板燒、拉麵等，大家都常常吃。

但若要吃得矜貴，中國人會吃鮑參翅肚，那麼日本人又如何？什麼才是日本的珍貴食材？若然皇室盛宴，又會吃些什麼呢？今次我們大可以通過這場日皇登基宴，一窺究竟。

據宮內廳官員向日本媒體透露，「希望賓客能夠品嚐到日本的山珍海味」，而他們口中的「山珍海味」又是什麼呢？

當晚九道菜的菜單如下：

先付：烤鯛魚、蒸鮑魚、鮟鱇肝

漬物：貝類、比目魚、鮎魚

燒物：牛肉蘆筍卷

蒸物：茶碗蒸

炸物：蟹、雞肉、鱚魚

丼物：鯛魚肉鬆、竹筍、雞蛋絲等蓋飯

汁物：松茸伊勢龍蝦清湯

水果：甜瓜

甜點：和式點心

飲品：日本酒、紅酒、茶

這場御宴可謂極其豐盛，不單包括山珍如松茸，以及海味如鮑魚、龍蝦、蟹、鯛魚等豪華食材，且包括漬物、燒物、炸物、蒸物、汁物這些日本不同烹飪方法，一應俱全，盡顯「和食」精粹。同時為了顧慮到一些不習慣「和食」的賓客，宮內廳也準備了牛肉蘆筍卷這類西餐。至於用來進餐的，是刻有象徵日本皇室菊花花紋的西餐刀叉等。

這裡特別想談的，是這場御宴中的丼物，即是那碗飯。為何御宴上會有大大碗飯？

今天社會富裕，大家用膳時，都是多吃菜，少吃飯，甚至索性不吃飯。反而傳統的日本宮廷盛宴，卻有「高盛飯」這款食物，那就是把飯盛得高高。

為何在宮廷盛宴中會吃這樣一大碗飯？那是因為古代傳說中，天照大臣從高天原傳來稻種，讓日本人可以世世代代務農為生，養活自己，稻米文化也就成了日本文化的重要一環。而天皇神聖之處，就是在於他繼承了以稻作祭祀的最高司祭位置。所以，直到如今，每年五月和九月的某一天，日皇都會隆重其事的在皇居的水田裡插秧和收割，這顯示了日皇的最重要任務，不是別的，也就是稻作祭祀。

因此，從古代開始，在獻給神靈的料理──神饌中，供品包括水、酒、鹽、鳥、獸、魚、貝、蔬、果等，但供品的中心和主角，卻始終是用本年收穫的新米所蒸製成的飯，顯示日本的稻米取向。儀式結束後，人們會把這些酒食撤下來，並成了他們的饗宴，實行神人共食。

看到這裡，為何會在日皇登基宴中會有大大的一碗飯，相信讀者都該清楚了。

41一韓國餐桌上的政治

二○一八年四月，兩韓峰會成了舉世新聞關注的焦點，南韓總統文在寅與朝鮮勞動黨委員長金正恩面對面會談。

筆者一直有研究餐桌上的政治，這次當然也會留意這次兩韓世紀盛會的晚宴菜單。

美國CNN的網頁有按南韓青瓦台所提供的資料，就晚宴的菜式作出介紹，並附上照片，更作出政治分析。有趣的是，其中一道菜式，引來了日本作出外交抗議。

引發爭議的是晚宴的甜品「民族之春」。本來甜品的用意是要為盛會帶來一個甜美的結局，殊不知對於日本來說，卻既不甜美，亦感受不到春天的暖意。這道甜品其實是芒果慕斯，外面是一個巧克力外殼，敲破外殼後，見到慕斯，慕斯上面放了一塊白巧克力，白巧克力上塗上藍色的朝鮮半島地圖作裝飾，寓意春日陽光融化了寒冬的凍土，象徵兩韓統一。

但問題卻出在，地圖裡的朝鮮半島版圖卻也包括了韓日兩方有主權爭議的獨島（日稱竹島），韓方明顯是要藉此宣示領土主權。這便是日本感到被冒犯的原因。日方外交

發言人對此作出抗議，聲稱對此感到極度遺憾，並要求韓方把這道甜品從菜單上移去。

但當然，韓方懶得理睬。畢竟對於南北韓而言，雙方經過幾十年的分治和對峙之後，無論在政治、經濟、文化、意識形態上都已經出現巨大的差距，且各有得罪不起的後台大國，唯獨一個共同敵人，就是當年的殖民者日本。在這個世紀盛會，拿這個歷史宿敵刺激一下，也可以讓兩韓敵愾同仇一番。

其實揀在餐桌上向宿敵日本巧妙出招，作出政治交鋒，今次也不是南韓的第一遭。

二〇一七年十一月，美國總統川普外訪亞洲五國，五國都隆重其事，以國宴招待這位貴客，但想不到在南韓這一站，一道國宴菜式，也惹來一場外交小風波。南韓冒犯的當然不是美國，而又是日本。

那次引發爭議的不是甜品，而是一味石頭鍋飯配大蝦。原來菜單上寫明，當中的大蝦，又是來自韓日兩方有主權爭議的獨島水域，韓方又再一次在餐桌上宣示領土主權。

這還不止，晚宴又邀請了在二戰時被日本迫作慰安婦的婦女出席這場國宴，擺明是要向國際社會提醒日本的戰時暴行，向日本施以顏色。

當時日本內閣官房長官菅義偉亦對此表示「不能接受」，認為南韓應避免做一些對美日韓三方合作不利的事情。當然，韓方也同樣懶得理睬。

通過菜單固然可以如前述般向對手施以「下馬威」，但也可用來展示友好姿態。

這次兩韓峰會，慣於在餐桌上出招的南韓，原本為晚宴準備了九道菜式，分別是：

第一道　八爪魚沙拉

第二道　韓風瑞士薯餅

第三道　海參黃花魚水餃

第四道　烤海魴

第五道　烤牛肉

第六道　韓式雜菜拌飯

第七道　蒸紅鯛魚及鯰魚

第八道　芒果慕斯

第九道　松茸茶及柑橘米餅

不要小看了這九道菜，根據CNN的分析，原來每一道菜都有政治含意。

- 首先，八爪魚來自海邊城市統營，那是南韓著名音樂家兼民運人士尹伊桑故居的所在地，當地更把一條街命名為「尹伊桑街」。尹生前曾訪問平壤，受到金日成接見，畢生擁護國家統一；

- 第二，薯餅是瑞士國食，那是向幼年曾經留學瑞士的金正恩致意；

- 第三，水餃的海參等海鮮餡則是來自荷衣島，那是以故南韓總統金大中的故鄉，金主張對北韓採取「陽光政策」，並曾在二〇〇〇年成功進行歷史性首次南北韓雙邊會談，並在同年榮獲諾貝爾和平獎；

- 第四，海魴的產地是釜山，那是文在寅度過童年的地方；

- 第五，牛肉來自忠清南道，那是南韓巨企「現代集團」牧牛的地方。集團以故創辦人鄭周永生前曾多次對北韓作出捐獻，更在一九九八年，親自率領車隊越過邊界，把五百頭牛送到當時正苦於饑荒的北韓，以助對方耕種，濟人之急；

- 第六，米飯來自慶尚南道金海市進永邑本山里烽下村，也就是另一位以故南韓總統盧武鉉的故鄉。盧武鉉曾在二〇〇七年，與金正恩的父親金正日，在平壤舉行了兩韓峰會；

- 第七，鯰魚及紅鯛魚是南北韓兩地皆會在宴會中吃到的魚，象徵兩地一致；

- 第八，芒果慕斯，有關其政治含意前面已介紹過；

- 第九，松茸產於白頭大幹山脈，那是北韓北部，而柑橘則產於濟州島，那是南韓南部，兩種食物放在一起，象徵朝鮮半島的南北一條心。另外白頭大幹是傳說中朝鮮民族的起源地，而濟州島則長久以來是南韓民主運動和反對日本殖民者運動的重鎮，俱有更深的政治意義。

看到這裡，不得不佩服韓國人，原來他們真的可以如此精心籌謀，做到就算是多達九道菜，每一道菜都對兩韓峰會有著特別政治含意。韓國人的「餐桌上政治」，真的讓人嘆為觀止。

但北韓那邊也不是省油的燈，在他們要求下，晚宴菜單再加入了第十道菜平壤冷麵，由北韓代表團把有關食材帶到板門店，再由隨團廚師炮製，做好後送到會場，來展示北韓的友好姿態。金正恩在晚宴致詞時還特別提到這款冷麵，稱希望文在寅會「喜歡我們從遠方帶來的平壤冷麵」，還故作幽默地說：「啊，我不該說是『遠方』。」

這款以含醋湯底，蔬菜和水果絲等來涼拌的冷麵，口味清淡爽口，旋即在南韓引起

一股熱潮，紛紛去到有供應這款冷麵的食肆光顧，以體驗北韓風味，甚至因人數眾多而釀成人龍。

本來晚宴由南韓那邊負責，鋒頭也盡由南韓包攬，更何況，從以上的介紹可知，南韓又確是機關算盡，在菜式上花盡心思，注入多重政治意義。但想不到，金正恩這邊卻以一道冷麵作「回馬槍」，搶回不少傳媒篇幅，金正恩也真是有他的一手。

兩個月後，又召開了更轟動的美朝首腦峰會，美國和朝鮮兩國的領導人，川普及金正恩，作了歷史性會談。

川、金兩人的一言一語、一舉一動，甚至一個表情一個眼神，都惹來議論紛紛、連番解讀，看看箇中有何微言大義。

因為今次會議只開了大半天，且在中立國新加坡舉行，所以一切繁文縟節都從簡，期間更只吃了一頓飯，且是工作午餐，因此菜式也十分簡單，只有三道菜，但每道菜也提供三個選擇，分別如下：

頭盤

鮮蝦酪梨沙拉（西式）；或

青芒藍花飯配八爪魚（馬來）；或

釀黃瓜御膳（韓式）

主菜

紅酒汁牛小排配馬鈴薯泥花椰菜（西式）；或

咕咾肉及揚州炒飯配ＸＯ醬（中式）；或

豆醬燉鱈魚配亞洲蔬菜（韓式）

甜品

特羅佩蛋糕（西式）

Haagen-Dazs 香草雪糕配櫻桃醬（西式）

黑巧克力塔（西式）

那麼這些菜式在政治上又有何微言大義呢？

首先，最明顯的是，務求美朝兩國平起平坐，於是無論頭盤和主菜，都有兩地菜式各一可揀，如酪梨沙拉 vs 釀黃瓜；紅酒汁牛小排 vs 燉鱈魚豆腐，除了甜品例外，都是巧克力、雪糕、蛋糕。事實上，較早前文在寅和金正恩的兩韓峰會，晚宴上九道菜式中也只有甜品芒果慕斯這一道是純西式。我去過韓國旅遊，體會到當地沒有什麼地道甜品好吃，這個民族傳統上似乎真的不太重視甜品。

或許最令港人興奮的是，峰會餐桌上竟然有咕咾肉、揚州炒飯、XO醬這些大家熟悉的食物，為何會如此呢？細心一看，原來在頭盤中有一道馬來菜藍花飯（kerabu）可揀，而主菜也有一道中國菜可揀，相信用意是彰顯峰會的舉行地點是在新加坡，以及峰會背後推手之一是中國（金飛到新加坡坐的甚至就是中國國航的波音七四七），兩國對這次峰會的貢獻。

川普是「牛魔王」，最愛吃牛肉，在其出訪亞洲五國之行，除了越南，在日本、韓國、中國、菲律賓四國款待他的宴會桌上，全都有一味牛肉菜式，投其所好；另外，他最愛的甜品是巧克力蛋糕。在今次峰會餐桌，主菜和甜品都有這兩味可揀，這明顯是川普的個人印記。

至於朝方，今次主菜之一的豆醬鱈魚，菜單上寫明這是「大邱燉菜」（Daegu jorim），大邱是南韓城市，這樣明顯是要讓南韓沾光，而頭盤之一的黃瓜，則是朝鮮半島無論南北都十分普及的家常食材，可以用來寓意兩韓民族融合。

從中可見，餐桌上的訊息量往往很大，尤其是政治飯局。

總領事的餐桌

曾經有段時間，常有機會被各國駐港領事邀請吃飯，垂詢我對香港政局的看法。最初見的是領事，後來見的甚至是總領事。有段時間跟美國的見面次數較多，朋友開玩笑說，我大概在花園道上（美國駐港總領事館所在地，位於中環，香港的政經中樞地區），吃了不少牛排吧？

我笑著回應，他起碼搞錯了兩點。

首先，美國總領事見人，不一定在位於鬧市的美國總領事館，對於重要的客人，反而會在山頂區白加道的美國總領事官邸。

其次，美國總領事請吃飯，也不一定吃牛排，不要以為美國人就只會吃牛排，這實在是十分落伍的「刻板想法」（stereotype）。本書前述章節都有提到，近年美國政圈餐桌上流行新派美國菜，再不是五、六〇年代流行，分量十足的牛排；也不是七、八〇年代流行，濃油厚醬的法式料理；而是健康、蔬菜為主、低卡路里、輕盈、清新的現代美國料理。

以美國總領事請我在官邸吃的幾頓午飯為例，吃的都只有簡單標準的三道菜，頭盤都是沙拉，主菜都是魚，而且都是十分清淡的做法，甜品則是簡單時令水果，而非高卡路里的糕點和奶油製品。（可參考圖一、二、三附上的三張菜單，圖四則是菜單封面）

November 21, 2013

Luncheon

Hosted by
U.S. Consul General
To Hong Kong and Macau
Mr. Clifford A. Hart, Jr.

Consul General Residence
3 Barker Road
Hong Kong

Chef: Frank Chan

Prawn with mixed salad
***
Baked Halibut with caper sauce
***
Roasted swett potato & sugar
snap
***
Fresh Fruits
***

Hanna Sauvignon Blanc 2010 Russian River Valley

圖一

July 12, 2012

Hosted by:

U.S. Consul General
Mr. Stephen M. Young

3 Barker Road
The Peak
Hong Kong

Chef: Mr. Frank Chan

Luncheon

Mozzarella & Prosciutto with
mixed salad

Seafood & Snapper with saffron juice

Fresh Fruit

Hanna 2010 Sauvignon Blanc
Russian River Valley

圖二

圖三

圖四

請我吃午飯的橫跨了兩位美國駐港總領事，菜單也是大同小異，都是沙拉、魚、水果的格局，我相信以上的菜單，不純粹是基於個人口味，而是正如前述，也是近年美國政圈餐桌上的流行風格。

值得一提的是，美國總領事官邸處的山頂白加道三號，可說是地理位置優越，它在山頂的「雞翼尖」轉角位，在屋內由一邊走到另一邊，便可以由看著香港島的北邊，轉為看到南邊的風景，是真正的「panorama view」（環迴鳥瞰景）。就是香港政府第二把手的政務司司長，其官邸也只能建在白加道十五號，地理位置被比了下去，至於第一把手香港行政長官所住的禮賓府，則在山腳，官員前赴開會比較方便，但風景和視野卻無優越可言。以往，美國在港政治分量之重，一葉知秋。

說回吃飯。其實外國總領事請吃飯，重點跟中國人不同，不在於食物好不好吃，菜式名不名貴，而在於吃飯的地方。

如果要食物好吃，那一定是在五星、六星級酒店，又或者米其林餐廳宴客；但要說主人家器重你，那就一定是在總領事的官邸吃飯，才算最高規格，顯示客人身分。

老實說，要到這些總領事的官邸吃飯殊不容易，但問題是這些官邸的所在地都是一些己又不懂駕車，所以去的時候往往是要招計程車，它們大都設在港島區的山頂，我自地理位置上較偏僻的地方，計程車司機很多時候都不知道路。去的時候還罷了，離開的時候就更麻煩，呼叫計程車，往往沒有司機願意前來，試過等了半個鐘頭以上，還是沒有車，得從官邸步出，走一段路，到山頂上較多車的幹道，才可以截到

計程車。這樣，白天還可以，如果是晚上，大家想想會有多不方便。

不過，只要想到主人家看重你，才會請你到官邸，那就無謂斤斤計較，也無謂多言，況且，這也是增長個人見識的一部分。

我有位高官朋友向我補充，他說類似場合，重點除了是否在官邸之外，還包括：

一、同場客人還包括哪些人士，這也反映了你的身分和等級；

二、你坐在哪一個位置，當然，與主人家坐得愈近，便愈有地位，愈受到器重，主人家右邊那一個位，更是首席上賓；以及，

三、是午餐還是晚餐，後者又比前者再高規格一點。

在我個人經驗中，最好吃的，要算是法國總領事官邸，法國不愧是美食之鄉。附上我吃過的兩張菜單（圖五是午餐，圖六是晚餐），跟前述美國的一樣，都是標準的三道菜，但食物卻有趣得多。

Déjeuner à la Résidence
Mercredi 21 novembre 2012, 13h00

~~~

Mousse glacée de gambas, tempura de légumes

Filet de porcelet, crème de châtaignes
Potimarron en purée, graines croquantes

Blanc-manger à la noix de coco
Coulis en bicolore

~~~

圖五

Dîner à la Résidence
Lundi 10 mars 2014, 20h00

~~~

Foie gras, sauce Ponzu

Suprême de volaille
aux truffes et oignons caramélisés

Poire cuite au vin et yaourt

~~~

圖六

午餐那一次，頭盤是幾件不同款式、很好吃的法式小點心，主菜是一顆豬肉丸，都很美味。唯獨美中不足的，是分量略嫌小，我還記得那顆豬肉丸的分量，其實跟港人飲茶吃點心的那款「山竹牛肉」差不多，平時一口便吃掉的肉丸，這天便成了主菜，我還要又用刀又用叉來招呼它，真的有點滑稽。不過，小巧精緻，始終是法國料理（其實是巴黎料理）的特色，我在一些昂貴的法國餐館吃法國菜，分量一樣小得驚人。

晚餐那一次，頭盤是煎鵝肝，主菜則是鵪鶉，都是很經典的法國菜，甜品則是奶凍。

這是我在類似場合吃過最愜意的一餐，菜式做得十分精緻和美味，擺盤也很悅目。就是

圖七

這樣，透過餐桌，法國顯示出其軟實力。

值得一提的是，原先的法國總領事官邸，是座百年建築，很有歷史價值，冠絕同儕。當年我到那裡作客時，可謂眼界大開（見圖七）。只可惜因為近年法國政府財政緊絀，這座深具歷史價值的建築業已遭出售套現，後來我再次受邀作客時，到的已經是另外一間房子，對方透露這已經不再是自己物業，而是租回來的，這實在教人覺得有點可惜。

至於最窩心的，則要算是加拿大總領事，每次跟他吃完飯，事後都會收到他寄來親筆書寫的便條，感謝自

已出席。

圖八是其中一次午餐的菜單，也是標準三道菜。頭盤是沙拉，主菜也是魚，而且更是蒸的做法，與美國那邊相近，同樣那麼簡單、清淡，或許，這也反映了近年北美的飲食潮流。甜品則是鮮果和香蘭葉沙巴雍伴椰子奶凍，比較美國那邊略為豐富了一點。

Official Residence of the Consul General of Canada to Hong Kong and Macau

Luncheon on the September 9 Legislative Council Elections

Menu

Almond Crusted Prawn and Pomelo Salad with Lime-Mint Salad Dressing

***

Steamed White Fish Filet with Lemongrass Garlic Oil Soy Sauce Steamed Rice Sauté of Green Chinese Vegetable

***

Coconut Panna Cotta With Tropical Fruits and Pandan Sabayon

***

Coffee / Tea

***

Flat Rock Cellars, Riesling 2009

***

Wednesday, September 12, 2012

Prepared by Ms. Nenita Espinel Executive Chef

圖八

順帶一提，有一次加拿大總領事又作午餐宴請，主要是因為加拿大有官員訪港，想聽聽一些學者分析香港政局。那次宴請的地點不在官邸，而是在中環名店中國會。當天

中國會

The China Club

MENU

Dim Sum Combination 點心拼盆
冬筍鮮蝦餃 *"Har Gau" Shrimp Dumplings with Bamboo Shoot*
什菜絲炸春卷 *Crispy Spring Rolls with*
Mixed Shredded Vegetables
雲南野菌餃 *Steamed Mixed Mushroom Dumplings*

蟹肉粟米羹
Sweetcorn Soup with Crabmeat

翡翠川汁蝦球
Sauteed Prawns in "Szechuan" Style

腰果牛柳粒
Sauteed Dices of Beef Fillet with Cashew Nuts

北菇扒小棠菜
Braised Shanghai Brassica with Black Mushroom

楊州炒飯
Fried Rice in "Yeung Chow" Style

欖仁馬拉糕
Steamed Sponge Cake with Olive Seeds

二零一四年四月九日
April 9th, 2014

圖九

吃的是中菜，圖九是當日的菜單，當時我的最大感覺，那些都是西方人眼中十分之傳統、討喜、經典的中國菜式，包括：先是點心如春卷和蝦餃，湯是粟米羹，接著還有酸酸辣辣的蝦球和牛柳粒，最後還有炒飯。

這裡或許能夠反映出什麼是西方人眼中最有代表性的中國菜。

最後一提，二〇二〇年後，已經絕少再跟歐美的領事見面，至於原因，大家都明白，只能說，香港已經不再是過去的香港了。

＃本書內裡的文章，曾於《南方人物周刊》、《東周刊》、《明報》發表，現經修訂後收錄於本書再度出版，筆者特此向上述報刊鳴謝。

知識叢書 1138

大人們的餐桌：國宴和名人的飲食軼事及領導風格

作　　者—蔡子強
圖片提供—蔡子強
責任編輯—廖宜家
主　　編—謝翠鈺
行銷企劃—陳玟利
封面設計—蕭旭芳
美術編輯—初雨有限公司（ivy_design）

董 事 長—趙政岷

出 版 者—時報文化出版企業股份有限公司
　　　　　一○八○一九台北市和平西路三段二四○號七樓
　　　　　發行專線—（○二）二三○六六八四二
　　　　　讀者服務專線—○八○○二三一七○五
　　　　　　　　　　　（○二）二三○四七一○三
　　　　　讀者服務傳真—（○二）二三○四六八五八
　　　　　郵撥—一九三四四七二四時報文化出版公司
　　　　　信箱—一○八九九 台北華江橋郵局第九九信箱
時報悅讀網—http://www.readingtimes.com.tw
法律顧問—理律法律事務所 陳長文律師、李念祖律師
印　　刷—勁達印刷有限公司
二版一刷—二○二三年九月二十九日
二版二刷—二○二四年六月十八日
定　　價—新台幣三八○元

缺頁或破損的書，請寄回更換

大人們的餐桌：國宴和名人的飲食軼事及領導風
格 / 蔡子強著. -- 再版. -- 臺北市：時報文化出
版企業股份有限公司, 2023.09
面；　公分. -- (知識叢書；1138)
ISBN 978-626-374-230-7(平裝)

1.CST: 世界史 2.CST: 人物志 3.CST: 軼事

711　　　　　　　　　　　　112013070

ISBN 978-626-374-230-7
Printed in Taiwan